일이 모두의 놀이가 되게 하라

운명을 바꾸는 힘,
조직문화와 리더십의 비밀

일이 모두의 놀이가 되게 하라

운명을 바꾸는 힘,
조직문화와 리더십의 비밀

이강백 지음

COOPERATIVE
착한책가게

머 리 말

1.

성공하는 기업의 비결, 위대한 조직의 비밀, 이런 건 대부분 사기다. 비결이나 비밀이란 게 알고 보면 다 운이기 때문이다. 비유하자면 로또 명당의 비밀 같은 것이다. 비밀에는 비밀 자체가 없다. 성공은 운이지만 살아남는 것은 실력이다. 그러므로 대박 나는 조직이 중요한 게 아니라 살아남는 조직을 만드는 것이 중요하다. 살아남는 조직을 우리는 지속가능한 조직이라고 한다.

지속가능한 조직은 대박이 애초의 목표도 아니고, 규모를 키우는 것도 목표가 아니다. 지속가능한 조직은 대박이나 큰 성공을 추구하는 것이 아니라 가치 있고 의미 있는 비전을 추구한다. 살아남으면 성공이다. 동시에 지속가능한 조직은 실패를 바라보는 관점이 긍정적이다. 그리고 더 많이 시도하고 더 많이 실패한다. 실패의 속도가 빠르면 살아남을 가능성이 높아진다. 운명을 바꾸는 힘은 실패를 견디는 힘이다.

지속가능한 조직은 서로의 능력을 키워주는 조직이다. 조직의 성장, 매출의 성장보다 사람의 성장에 더 관심을 갖는다. 일을 놀이처럼 하고, 매일 소소한 행복을 느끼는 조직이 지속가능한 조직이다. 서로를 존엄하게 대우하는 조직, 힘이 들어도 유머가 넘치는 조직이 지속가능한 조직이다. 자신들이 하는 일을 통해 자신들이 세상에 기여하고 있다는 자부심을 가진 조직이다.

스타트업 조직 청년사업가들과 이런 이야기를 나누면서 이걸 책으로 정리하면 어떨까 하는 제안을 받았다. 우리에게 필요한 것은 '성공하는 기업의 비밀' 같은 로또 당첨 이야기가 아니라 살아남을 수 있는 비결이다. 우리는 지속가능한 조직을 만드는 비밀을 알아야 한다. 이 책에는 성공의 비밀은 없다. 지속가능한 조직을 만드는 비결은 있다.

2.

몇 년 전, 옛날 같으면 목숨을 잃었을지도 모를 죽을 고비를 넘기고 난 뒤 나에게 가장 절박한 것은 이런 질문이었다.

"죽음은 내 가까이에 있고, 나는 무엇을 꼭 하고 가야 하나?"

내게 남은 시간이 많지 않다는 것은 내 인생에 가장 중요한 깨달음인 듯하다. 그것은 내가 꼭 해야 할 일이 무엇인가에 대한 질문이기 때문이다.

내 인생이 어땠나를 스스로에게 질문해보니 결론은 좋았다. 내 삶의 차원을 바꾸어냈고, 나의 오랜 트라우마에서 벗어났기 때문이다. 내가 죽기 전에 꼭 해야 할 일이 무언가를 스스로에게 물었을 때 '내가 나름 잘 살았네'라고 말할 정도로 아쉬움이 없게 된 건 내가 숲으로 갔기 때문이다. 조이스의 '빨간모자'식 표현으로 인생에서 중요한 건 자신의 궁에서 계모에 의해 쫓겨나는 일이다. 삶의 전기는 숲에서 마녀를 만나는 일이다.

사실 내 인생의 완전한 전기는 '아름다운가게'를 떠난 일이다. 그것은 나의 삶의 태도, 생각, 행동을 바꾸어 놓았다. 그 이전과 그 이후는 삶 자체가 완전히 달라졌다. 숲으로 갔고, 마녀를 만났고, 왕자를 만나는 행운을 얻었다. 내가 내 안에서 지극히 나를 존중해주는 존재와 만날 수 있게 되었다.

그래서 다섯 가지의 위시 리스트를 만들었다. 그 첫 번째 작업이 끝났다. 바로 이 책이다. 이 책은 숲으로 가서, 마녀를 만나고, 왕자를 만나는 내 나름대로의 기록이다. 마녀가 운명과 맞서는 방법을 알려주며 내건 조건에 대한 이야기이기도 하다. 내가 내 안에서 지극히 나를 존중해주는 존재와 만나는 이야기이기도 하다. 어둠 가득한 숲으로 가서 운명과 마주할 때 내게 속삭이던 오래된 존재가 들려주는 이야기다.

3.

“운명과 싸우는 힘은 어디에서 나오는가?” 이 책의 또 다른 중심 질문은 이것이다. 루저는 나의 운명인가? 우리는 불안하다. 자기의 운명을 예측하기 어려운 시대에 살기 때문이다. 스트레스는 불안할 때 증가한다. 학교에서는 성적으로 루저를 만들고 직장에서는 불안정한 루저를 만든다. 어디에도 안정적인 삶은 없다. 누구도 실패자의 운명에서 자유롭지 않다.

우리가 살고 있는 시대는 변화가 거의 없는 농경사회도 아니고 평생직장을 내세웠던 산업사회도 아니다. 인간의 수명에 비해 조직의 수명은 형편없이 짧아졌고 어디에도 나를 책임져주는 데가 없다. 나는 불안과 두려움에 시달리고, 루저가 될 것 같은 예감에 시달린다. 실패자의 운명에서 벗어날 수 있을까? 운명과 싸우는 힘은 어디에서 나오는가?

운명과 싸우는 힘은 역설적으로 개인의 결단에서 나오는 것이 아니라 ‘조직’의 힘에서 나온다. ‘지속가능한 조직’을 만드는 것이 운명과 싸워 이기는 힘이다. 운명과 싸우는 방법은 개인의 영웅적 결단이 아니라 서로 협력하여 살아남는 조직을 만드는 것이다. 이 책은 운명과 싸우는 도구로서의 ‘조직’에 대한 이야기다.

4.

책을 읽는 가장 좋은 방법은 상상하며 읽는 것이다. 글을 읽을 때 그걸 행동으로 바꾸면 어떻게 될까를 질문하는 것이 상상력이다. 언어(추상)를 행동(구체)으로 환원해보는 것이다. 목적이나 목표를 실행으로 번역하면 어떻게 될까? 추상을 구체로 번역하고, 구체를 추상으로 번역하는 것이 질문이고, 질문은 언제나 실행의 완성도를 높인다.

평범함과 위대함은 대단한 차이가 있는 게 아니라 한 발짝 더 나가는 일이다. 언어를 행동으로 번역하는 것이 그 한걸음이다. 이 책을 읽으며 자신의 상황에 적용해보고 질문해보는 시간을 가져본다면 좋겠다. "당신 말이 틀렸어. 나는 다르게 생각해." 이렇게 반박하며 읽어도 좋겠다. 언어를 행동으로, 행동을 언어로 전환하는 시간에 나는 성장한다.

이 책은 하나하나가 자기완결적인 짧은 글로 구성되어 있지만 장별로 연결되어 있는 책이다. 하나의 글만 읽어도 되고 연결해서 읽어도 좋다. 순서 상관없이 읽어도 지장이 없다.

CONTENTS

PART 3 살아남는 조직의 비밀, 실패의 속도가 성공의 확률을 높인다

PART 4 웃으며 일하는 조직의 비결, 일이 모두의 놀이가 되게 하라

PART 5 지속가능한 조직의 생명, 협력하는 팀

PART 6 지속가능한 조직에는 자기만의 독자적 비결이 있다

PART 1

운명을 바꾸는 힘, 조직문화와 리더십

"무엇보다 중요한 것은

살아남음으로써 존재를 증명하는 것,

그리고 우리에 관해 계속 말하는 것이다."

지속가능한 조직을 만드는 기둥은 무엇인가?

기세와 기강

조직은 어떻게 성공하는가?

팀은 어떻게 성공하는가? 여러 사업과 여러 조직을 운영해본 결과 경험으로 얻은 두 가지 해답이 있다. 하나는 조직에 기강을 세우는 일이고 다른 하나는 조직의 기세를 살리는 일이다.

기강을 세우는 일과 기세를 살리는 일은 리더십의 시작과 끝이다. 조직의 알파요 오메가는 기세와 기강이다. 이 둘은 서로 모순처럼 보인다. 기강을 잡으려 들면 기세가 죽고, 기세를 살리려 들면 기강이 무너진다. 기세와 기강을 통합하고, 기세와 기강의 균형을 잡는 것이 지속가능한 조직을 만드는 양대 축이다.

그럼 기세는 무엇이고 기강은 무엇일까? 사람들은 이 두 가지를 오해하고 있다.

먼저 기강이 무엇인가에 대해 살펴보자. 군대식으로 상하가 엄격하게 서열이 잡힌 상태를 기강이라 생각하지만 실제로는 그게 아니다. 기강이란 공동의 목적이 명확한 것을 말한다. 기강이 무너진 조직은 목표와 과제가 명확하게 서 있지 않다. 기강이 무너진 조직은 공동의 목표와 과제를 이루기 위해 이야기하지 않는다. 개인의 이익을 우선시하고, 개인의 감정에 좌우된다. 기강이 무너진 조직의 특징이다. 이런 조직은 목적에 태만한 조직이다. 태만하면 모든 일이 무너진다.

목표에 태만하고 과제에 게으른 사람들은 한 가지 특징이 있다. 목표에 태만한 사람들은 예외 없이 뒷말이 많고 남을 비난하게 되어 있다. 자기의 무능을 타인에 대한 비난으로 면피하려는 유혹에 빠지게 된다. 기강이 무너진 조직은 공동의 목표와 과제를 함께 논의하지 않는다. 문제가 생겼을 때 공개적으로 해결책을 모색하지 않는다. 정직하게 피드백을 하지 않고 질문도 하지 않고 도움을 요청하지도 않는다. 기강이 무너진 조직이 어떻게 망하지 않겠는가?

기강이 무너진 조직은 목표를 명확하게 설정하지도 않고, 과제를 도출하지도 않고, 심도 깊은 논의도 하지 않고, 온갖 잡음과 뒷담화만 무성하다. 책임감은 사라지고 책임전가만 남는다. 팀워크도 없고, 함께 목표를 이루기 위해 서로 깊이 있게 상의하고 궁리하는 모습은 찾아보기 어렵다. 한마디로 조직이 개판이다. 반면 기강이 올바르게

선 조직은 목표에 집중하고 과제에 집중한다. 집중하면 궁리를 하게 되고 궁리하면 길이 보인다. 끊임없이 질문하고, 상의하고, 도움을 요청하고, 피드백을 요구한다. 자신들이 해야 하는 업무리스트와 투두(to do)리스트를 가지고 대화한다.

기강이 엉망인 조직에서 기강을 잡는답시고 억압을 하면 기강은 안 잡히고 기세가 꺾인다. 기세가 꺾인다는 것은 자신감이 꺾인다는 것이다. 기세란 무엇인가? 하나의 목표를 이루기 위해 하나의 점으로 집중되는 에너지다. 기세는 자신감이다. 자신감의 에너지에 또 다른 자신감 에너지가 통합되면서 서로 상승작용을 이루고, 그것이 하나의 방향으로 강력하게 분출되는 힘이다.

조직은 기세가 죽으면 끝이다. 기세를 살리기 위해서는 조직이 실수에 관대해야 한다. 기세는 조직원들의 자신감에서 나온다. 팀원들이 자신감이 없는 이유는 실수에 대한 두려움 때문이다. 사람들이 서로의 실수에 대해 지지하고 격려하는 문화가 있어야 기세가 살아난다. 실수나 실패를 비난하는 문화가 자리 잡고 있으면 조직의 기세는 바로 꺾인다.

"실수해도 괜찮아! 넌 할 수 있어!"

"실패해도 괜찮아! 우린 할 수 있어!"

이런 말이 매일 오가야 한다. 사람들이 자신감을 가지고 도전할 수 있어야 조직의 기세가 살아난다. 그래야 조직이 도전하는 에너지가 생긴다. 매일 활기찬 미소와 인사와 격려와 아이디어와 질문과 논의가 샘물처럼 솟아나야 한다. 좋은 아이디어는 서로 이야기하면서 나온다. 서로 이야기하지 않으면 업무가 단절되어 각 부서가 따로 놀게 된다. 같이 일하는 의미가 없어진다. 조직의 기세를 살리기 위해 서로 격려하고 서로 배려하고 서로 지지해야 한다. 그래야 내부의 통합력과 집중력이 생긴다.

'기강을 세우는 일'과 '기세를 살리는 일'은 반드시 균형을 잡아야 하는 일이다. 기강과 기세는 공동의 목적에서 나온다. 공동의 목적을 이루기 위해서는 목표와 과제를 명확하게 합의해야 한다. 서로가 무엇을 원하는지 계속 이야기해야 한다. 우리가 일을 할 때는 이런 질문을 해야 한다. "우리가 가진 최고의 가치는 무엇인가?" "우리의 가치를 어떻게 사람들에게 전달할 수 있을까?" 이런 질문을 자기 자신에게 던지고 고민하고 이야기해야 한다.

“일하는 사람들이 불안해하는데 어떤 비전을 제시해야 할까요?”

“책임은 내가 지마, 우리 재미있게 놀아보자”

리더는 비전을 제시해야 한다고들 한다. 리더는 결과에 대한 책임을 져야 한다고들 한다. 리더는 돈이 부족할 때 가져와야 한다고들 한다. 그래서 리더는 무엇보다 튼튼한 심장과 배짱을 가져야 한다고들 한다. 그러나 리더에게도 책임의 무게를 나눌 파트너가 필요하다. 어느 조직의 리더가 이런 고민을 상담해왔다.

“우리 사업의 미래가 있을까요? 계속 적자가 나고 어려워요. 일하는 사람들은 불안해하고 두려워해요. 어떤 비전을 어떻게 제시해야 할까요?”

“먼저 리더는 조직의 구성원들에게 심리적 안정감을 주어야 합니다. 적자가 나고 어려워지면 리더가 먼저 심리적 안정감을 잃거나 두려움과 공포로 구성원들을 압박하기 쉬워요. 그러면 사람들은 불안해지지요. 좋은 인재들은 예민하기 때문에 이럴 때 먼저 그만두게 됩니다. 필요한 사람은 떠나고 그렇지 않은 사람은 남게 되는 겁니다. 가장 안 좋은 일이 벌어지는 거죠.

중요한 것은 리더가 불안과 두려움, 공포에서 벗어나는 거예요. 리더는 이런 마음가짐을 가져야 해요.

'열심히 하자, 즐겁게 열심히 하자, 해도 안 되면 그만이지만 한번 제대로 해보자, 그리고 성공하건 실패하건 그건 하늘에 맡기자.'

'망하면 어때, 그동안 월급 주고 국가에 세금 내고 할 만큼 했잖아.'

왜 이런 생각이 필요하냐? 옛날에는 기업의 수명이 30, 40년 갔어요. 그때는 종신고용, 평생직장이라는 말이 있었어요. 지금은 기업의 평균 수명이 3년이에요. 평생직장이 있을 수가 없어요. 3년 지났다면 일단 성공이다, 평균수명을 넘어섰다고 생각하세요. 한 번 실패했다고 인생이 끝장난다고 생각할 필요가 없어요.

구성원들이 불안해하지 않도록 리더가 주의를 기울여야 합니다. 대신에 일이 놀이가 될 수 있도록 재미있게 만들어줘야 합니다.

'책임은 내가 지마, 너네는 열심히 재미있게 창의적으로 놀아라.' 이래야 돼요. 그리고 담대하게 이렇게 말해봐요.

'망하면 망하리라, 열심히 한 판 놀아보자.'

직장이 노는 곳이 되면 성공이에요. 그리고 사업도 성공해요. 정리하면, 먼저 조직의 구성원들이 불안해하지 않도록 하고 두려워하지 않도록 해야 한다, 그러기 위해서 리더는 최선을 다하되 불안에서 벗어나야 한다는 겁니다. 책임에 대한 긴장감을 놓지 않되 심리적 여유를 잃지 않는 일은 쉽지 않아요. 또 하나는 일이 학습과 성장과 과정이 되고, 일이 놀이가 되도록 재미있게 만들어야 한다는 겁니다."

무엇이 생산적이고 혁신적인 팀을 만들까?

공감능력과 기회의 평등

말을 독점하는 리더는 팀원들을 무임승차자로 만든다. 말을 독점하는 자는 권력을 독점하고 책임을 독점한다. 무임승차자의 비율이 증가하면 삼류 팀이 된다. 성공적인 팀은 무엇보다 테이블 민주주의가 보장된 팀으로, 서로에게 비슷한 기회를 준다. 그래서 한두 명만 주도적으로 말하지 않고 듣고만 있는 사람도 없다. 한마디로 무임승차가 없다. 자유로운 말은 두 가지 조건에서 가능하다. 하나는 리더가 말을 독점하지 않을 것, 다른 하나는 말을 해도 안전할 것!

성공적이고 혁신적인 팀을 만드는 그 무엇을 찾아내기 위해 MIT

의 연구팀은 그 질문을 실험으로 가져갔다. 지원자 수백 명을 받아서 IQ와 공감능력을 측정했다. 그리고 그들을 팀으로 나눈 다음 아주 어려운 문제를 주었다. 어느 팀이 생산적이고 성공적으로 문제를 풀었을까? 뛰어난 결과를 보인 팀은 어떤 팀이었을까? 흥미로운 결과가 나타났다. 고득점한 팀은 천재적인 IQ를 가진 사람이 들어가 있는 팀도 아니었고 IQ 합산이 가장 높은 팀도 아니었다. 안전한 분위기와 기회의 평등이 있는 팀이었다.

성공적인 팀은 세 가지 특징을 지니고 있었다. 먼저 그들은 서로에게 높은 감수성을 보였다. '눈으로 마음읽기'라는 공감능력시험의 측정에서 높은 점수를 받았다. 높은 감수성은 상호 높은 유대감으로, 높은 유대감은 실수해도 수치심을 느끼지 않게 하는 분위기를 만들었다. 안전함은 존중받는 분위기에서 느끼는 감정이다. 높은 감수성이 높은 생산성으로 연결되는 메커니즘이 발견되었던 것이다. 다음으로 성공적인 팀은 '기회의 평등'을 보장한 팀이었다. 성공적인 팀은 무엇보다 테이블 민주주의가 보장된 팀으로 서로에게 비슷한 기회를 주었다. 그래서 한두 명만 주도적으로 말하지 않고 듣고만 있는 사람도 없었다. 마지막으로, 성공적인 그룹은 그 안에 여성이 많았다.

> "생산성이 높은 팀은 낮은 팀보다 서로에 대한 사회적인 유대감이 강했다. 서로에게 익숙하고 사려 깊은 그룹에서는 아이디어가 물 흐르듯 자라나고, 작업은 막히지 않고, 에너지가 엉뚱한 곳에

낭비되지 않는다. 협동은 성공의 핵심이고 생산성의 비결이다. 협력은 성공적인 팀의 핵심 가치다. 그것은 각자가 가진 개별의 능력을 훌쩍 뛰어넘게 만드는 비밀이다. 협동심이 있다면 내가 모든 것을 다 배울 필요가 없다. 내가 잘하는 것을 하면서 못 하는 것은 도움을 받으면 된다. 도움을 주고받는 데 익숙한 사람들과 일하면 굳이 모든 것을 다 배울 필요가 없는 것이다."

기회의 평등이란 테이블 민주주의가 보장되는 팀을 말한다. 왜 테이블 민주주의가 생산적이고 성공적인 팀을 만드는 것일까? 말을 보장하고, 기회를 보장하고, 실패해도 안전한 조직에서 사람들은 자신의 능력을 발휘한다. 서로에 대한 믿음과 협동심이 있다면 내가 모든 것을 다 배울 필요가 없기 때문에 생산성이 높다.

권력이란 말을 독점하는 것이다. 말의 독점은 생각의 독점이고 결론의 독점이다. 테이블 민주주의가 가능한 팀, 기회의 평등이 실제로 보장되는 팀이 건강하고 생산적이고 성공적인 팀을 만든다. 성공하는 팀은 서로에게 비슷한 기회를 준다. 그래서 한두 명만 주도적으로 말하지 않고 듣고만 있는 사람도 없다. 기회의 평등은 성공적인 팀을 만든다.

주장을 하는가,
아니면 질문을 하는가?

…

이 사소한 차이가 운명을 결정한다

사람을 성장시키기 위해서는 조직에서 훈련시켜야 할 태도가 있다. 내 마음 안에 있는 거짓말쟁이를 추방하는 훈련이다. 그 거짓말쟁이는 언제나 이렇게 주장한다.

"나는 알고 있다!"

그리고 타인에게 이렇게 강요한다.

"내 말이 맞다!"

소크라테스가 말한 '네 자신을 알라!'는 정확하게 '네 자신(이 모른다는 것)을 알라'는 것이다. 무지하다는 것은 자신이 무지하다는 것을 모르는 것이고, 무능하다는 것은 자신의 무능하다는 사실을 모르는 것이다.

모르기 때문에 우리는 질문하고, 모르기 때문에 우리는 배우고, 그래서 우리는 진보한다. 주장을 하는가, 아니면 질문을 하는가? 아무것도 아닌 것처럼 보이는 이 사소한 습관이 사람의 운명과 조직의 운명을 결정한다. 사소한 것들이 실은 운명을 결정하는 중대한 것들이다. 결국 운명을 결정하는 것은 사소한 태도에 있다. 주장을 하는 데 애쓰는가, 질문을 하는 데 애쓰는가? 이 사소한 태도의 차이에서 개인의 운명과 조직의 운명이 갈린다.

질문은 생각의 틀에 가장 큰 영향을 준다. 좋다 나쁘다는 판단을 내리기 전에 중립의 관점에서 더 많은 정보를 모으는 과정이 질문이다. 질문은 '좋다, 나쁘다'라는 가치판단의 프레임에서 벗어나 중립지대로 이동하는 행위다. 질문은 상대의 과거나 문제에 초점을 맞추는 것이 아니라 가능성과 능력으로 초점을 이동하겠다는 적극적 신호다. 인간은 자신의 존재가치를 인정받을 때 자부심을 느낀다. 그리고 질문은 존재가치를 인정하는 행위다.

질문은 조직에 문제의식을 불러일으킨다. 집중력이라는 것도 알고 보면 질문이 만드는 부가 효과(side effect)다. 질문은 대답을 찾기 위해 집중력을 만든다. 질문은 집단의 지혜를 모으는 최고의 해결사다. 질문과 요청은 조직에 활력을 불러일으킨다. 우리는 왜 회의를 하는가? 다음과 같은 질문을 하기 위해서다.

"우리가 가진 공동의 목적은 무엇인가?"

"이 시기에 우리의 목표는 무엇이고, 왜 그런 목표를 잡았는가?"

"어떻게 목표를 달성할 것인가?"

"더 좋은, 더 재미있는 방법은 무엇이 있을까?"

"언제까지 마감인가?"

"누가 디렉터이고 누가 협력해야 하는가?"

이 질문들 중에 단 하나라도 대답하지 못한다면 그 회의는 아무것도 결정한 게 없는 것이다. 질문하는 능력은 최고의 능력이다. 능력 중에 가장 훌륭한 능력은 사물을 대할 때 자기가 무엇을 모르는지 파악해서 질문하는 능력이다. 질문은 사람을 유능하게 만든다. 성장하는 조직은 먼저 사람을 성장시킨다. 사람의 성장은 '무지에 대한 자각'과 '질문하는 훈련'에 의해 가능하다. 질문 없이는 성장도 없다.

우리는 왜 현실에 겸손해야 하는가?

…

내 생각은 가정이거나 가설에 불과하다

명함 앱의 대명사인

'리멤버'의 CEO, 최재호 대표가 자기 회사의 역사를 이야기한 적이 있다. 역사라고 해서 별다른 건 아니고 어떤 시도를 언제 했고, 어떤 결과가 나왔는지에 대한 것이었다. 문제는 말하는 방식이 대단히 인상적이라는 사실이다.

"이 서비스를 런칭할 때의 가설은 이런 것이었습니다. 그 가설은 맞지 않았고 그 이유는 이런 것이었습니다."

성공한 서비스든 실패한 서비스든 그것의 전제는 가설이다. 생각이란 가설의 세계이다. 말이란 것도 가설의 세계이다. 열린 마음이란 자신의 생각을 가설로 전제하는 것이다. 내 생각이 진실이라고, 정답이라고, 진짜 맞다고 생각하는 것은 닫힌 마음이다. 이건 약도 없다.

열린 마음으로 열린 팀, 열린 조직을 건설하는 것은 리더가 해야 할 중대한 과제다. 열린 조직은 어제의 진실을 오늘의 진실이라고 우기지 않는다. 어제의 진실이 오늘은 거짓이 될 수도 있다. 내가 어제 옳았다고 오늘도 옳고 내일도 옳으리라는 법은 없다.

어제는 옳아도 내일은 틀릴 수 있다. 그래서 우리는 매 순간 검증받아야 한다. 나의 생각은 가설일 뿐이고, 그것은 현실에 맞는지 확인되어야 한다. 우리는 현실에 겸손해야 한다. 자신이 과거에도 옳았고, 지금도 옳고, 내일도 옳을 것이라고 굳게 믿는 것은 꼰대짓이거나 정신질환이다.

리더의 그릇은 어느 정도로 커야 하는가?

…

"친구는 가까이, 적은 더 가까이"

인간은 자기 그릇의 크기만큼 운을 담을 수 있다. 행운은 우연처럼 떠다니고, 행복은 강물처럼 흘러 다닌다. 그것들은 자신의 그릇만큼 담을 수 있다. 자신의 그릇을 키워야 하는데 어느 정도로 키워야 하냐면 자신의 반대자를 자기 안에 수용할 수 있을 만큼 키워야 한다.

자기의견과 반대의견을 동시에 인정해야 내 안의 민주주의가 작동한다. 큰마음이란 내 안의 민주주의가 작동하는 마음이다. 가장 좋은 운은 언제나 사람을 통해 찾아오는데 그 사람은 뜻밖에도 반대자의 모습으로 나타나는 경우가 많다.

가장 조심해야 할 것은 반대자를 미워하는 일이다. 그 반대자의 정체는 큰 틀에서 나를 보완해주거나 나의 균형을 잡아주는 존재이기 때문이다.

중용이란 결국 반대자에 대한 태도를 말한다. 반대자는 적정선의 기준을 제공하는 사람이다. 반대자를 멀리하면 현실 인식에서도 멀어진다. 반대자를 멀리하면 행운도 멀리 달아난다. 항상 명심하라.

"친구는 가까이, 적은 더 가까이"

한국에서 스타트업의 성공률이 낮은 이유는 무엇인가?

…

협력할 줄 모르고, 정서가 불안하다

한국에서 스타트업의 성공률이 낮은 이유는 어릴 때부터 협동과 협력을 배우지 못하고 자라서 그렇다. 한국의 교육제도하에서 아이들은 약자에 대한 연민을 배우지 않고 약자에 대한 혐오를 배우며 자란다. 갈등을 관리하는 방법을 모르고 문제가 생기면 상대를 적으로 몰아 비난한다. 학교에서의 왕따문화가 이제 직장에서의 왕따문화로 옮겨왔다. 학교에서 하던 짓을 자연스럽게 직장으로 가져온 것이다.

괴롭힘, 학교폭력, 왕따문화를 없애는 방법은 간단하다. 노르웨이에서는 선생님이나 학생 중에서 누군가 괴롭힘, 언어폭력, 놀림, 갈취, 물리적 폭력 등과 같은 나쁜 짓을 하는 역할을 하고, 그런 행동을 할 때 나머지 학생들이 한꺼번에 큰 소리로 '스톱(Stop)!'이라고 소리치도록 하는 교육을 한다. 케냐에서는 '노(No)'라고 외치는 교육을 한 후에 성폭력이 절반이나 줄어들었다.

이 역할놀이를 통해 아이들은 중요한 것을 배운다.

첫째로 어떤 행동이 타인에게 피해를 주는지, 무엇이 잘못인지 객관적으로 인식할 수 있게 된다. 둘째로 피해를 당하는 아이는 가해자의 부당한 행위에 맞서 저항해야 한다는 것을 알게 되고, 어떻게 행동해야 하는지 배우게 된다. 셋째로 타인을 괴롭히는 행위를 목격했을 때 주변에 있는 사람들은 어떻게 행동해야 하는지 훈련을 통해 인식하게 된다.

이 역할놀이를 통해 가해자, 피해자, 관찰자 모두 하나의 공감대를 갖게 된다. 타인을 괴롭히는 문제는 가해자와 피해자 간의 당사자 문제만은 아니다. 그 공간에 있는 모든 이의 문제다.

타인을 괴롭히는 행동은 당사자만의 문제가 아니라 공동체의 문제다. 공동체의 문제이자 자신의 문제이기 때문에 주변에 있는 제3자도 타인을 괴롭히는 행동을 목격하면 모두가 제재에 나서는 훈련을 하는 것이다. 이런 역할놀이는 모든 학교에서 수업과제로 의무화되어 있다고 한다.

노르웨이와 케냐의 교육처럼 사람이 진정으로 배워야 할 것은 타인이 자기 인생을 함부로 침범하지 못하도록 하는 것이다. 자기의 주인은 자기 자신이다. 타인이 함부로 침해하지 못하도록 표현하는

법을 배워야 한다. 옆 친구가 물건을 빼앗거나 괴롭히면 "안 돼."라고 말할 수 있고, 누군가 자기의 몸을 만지면 "만지지 마(Don't touch me)!"라고 소리칠 수 있어야 한다. '안 돼'라고 말할 수 있는 주인으로 성장해야 한다. 자기감정 표현을 당당하게 할 수 있어야 주인이다. 말하고 싶은 것을 말할 수 있도록 가르치는 것이 가장 중요한 교육이다.

마찬가지로 다른 이의 영역을 존중하고, 타인의 사생활을 존중해야 한다는 것 또한 배워야 한다. 우리의 소중한 아이들이 자신의 미래를 스스로 책임질 수 있도록 하기 위해서는 지금의 쓰레기 같은 교육을 중단해야 한다. 선행학습으로 아이들을 고문하고 학대하는 것을 멈추어야 한다. 진짜 교육은 타인의 감정을 살필 줄 알고 자신의 감정을 표현할 줄 아는 것이다.

협력은 그냥 되는 것이 아니다. 첫 번째로는 정서가 안정되어야 협력이 가능하다. 두 번째로는 협력의 훈련이 되어 있어야 한다. 인간이 지녀야 할 이 두 가지에 대해 가장 멋진 명문을 남긴 사람은 《삼국지》에 나오는 제갈공명이다.

제갈량(공명)은 죽기 직전, 여덟 살짜리 아들에게 〈계자서誡子書〉라는 글을 남긴다. 계자서란 '아들을 일깨우는 글'이라는 뜻으로, 어떤 자세로 공부를 해야 하는지, 어떤 태도로 인생을 살아야 하는지에 대해 정리한 짧은 글이다. 계자서의 핵심은 담박명지淡泊明志, 영정치원寧

靜致遠이다. '담박명지'에서 담박淡泊이란 감정의 불안정함에 휘둘리지 않고 정서적인 안정을 유지하는 것이다. 그래야 명지明志, 즉 분명한 목표, 명확한 인생의 비전을 가질 수 있다는 것이다.

욕망에 휘둘리고 정서가 불안정하면 인생의 목적과 분명한 비전을 가질 수 없다. "커서 돈 많이 벌 거야!" "대통령이 될 거야!" 이런 건 인생의 목적도 아니고 비전도 아니다. 돈과 권력에 대한 부모의 병든 욕망이 아이들에게 투사되어 생기는 정서 불안이고 일종의 정신질환이다.

'영정치원'의 영정寧靜이란 평안하고 고요한 마음의 상태를 말하는데 그것 역시 정서적인 안정을 말한다. 정서가 안정되고 마음이 고요해야 치원致遠, 즉 멀리 있는 목표에 도달할 수 있다는 것이다. 마음이 고요해야 멀리 갈 수 있다. 리더에게 가장 필요한 능력은 결국 정서적 안정이다. 〈계자서〉의 전문은 다음과 같다.

제갈량 계자서諸葛亮 誡子書

무릇 군자가 가는 길은
고요한 마음으로 자신을 다스리고
검소함과 절제로 덕을 기르는 것이다.
夫君子之行 靜以修身 儉以養德
(부군자지행 정이수신 검이양덕)

욕망에 휘둘리면 삶의 목적을 세울 수 없고

정서가 불안하면 목적지에 도달할 수 없다.

非澹泊無以明志 非寧靜無以致遠

(비담박무이명지 비녕정무이치원)

배움에는 정서적 안정이 필요하고

재능은 반드시 배움을 필요로 한다.

夫學須靜也 才須學也

(부학수정야 재수학야)

배우지 않으면 재능이 소용없고

비전이 없으면 배움이 소용없다.

非學無以廣才 非志無以成學

(비학무이광재 비지무이성학)

오만하면 진정한 이치를 알아낼 수 없고

조급하고 경망하면 본성을 다스릴 수 없다.

滔慢則不能勵精 險躁則不能治性

(도만즉불능여정 험조즉불능치성)

조급하고 경망한 자들의 나이는 시간과 함께 달려가고

오만하고 게으른 자들의 의지는 세월과 함께 사라진다.

年與時馳 意與歲去

(년여시치 의여세거)

(오만하고 게으르고 조급하고 경망한 자들은)

가을날 고목처럼 시들어 떨어져

제대로 이루는 것이 없을 것이다.

遂成枯落 多不接也

(수성고락 다부접야)

기울어가는 초라한 세계에서 슬픔에 잠긴들

그때는 후회해도 어찌할 수 없다.

悲守窮廬 將復何及

(비수궁려 장부하급)

리더십의 가장 중요한 기본은 무엇인가?

…

제갈공명의 인생 제안

초조하고 여유가 없으면 위험하다. 욕망에 휘둘리거나 정서가 불안한 상태는 괴물에 잡아먹히기 딱 좋은 상태다. 제갈공명의 말처럼 "조급하고 경망하면 본성을 다스릴 수 없다.(險躁則不能治性)" 괴물과 싸우다 괴물이 되는 까닭은 초조하고 여유가 없기 때문이다. 왜 초조하고 여유가 없어지는가? 두려워하기 때문이다. 왜 두려워하는가? 무지하기 때문이다. 모르면 두려움과 공포에 잡아먹힌다.

미워하며 닮고, 괴물과 싸우다 괴물이 된다. 괴물과 싸우면서도 괴물이 되지 않는 방법은 무엇인가? 제갈량은 그 해법으로 고요한 마음과 정서적 안정을 제시했다. 담박명지淡泊明志 영정치원寧靜致遠이다.

괴물과 싸우면서도 괴물이 되지 않는 법 첫째는 초조한 마음 대신에 고요한 마음을 가지는 것이다. 영정寧靜이란 평안하고 고요한 마음의 상태를 말한다. 마음이 고요해야 멀리 갈 수 있다.

괴물과 싸우면서도 괴물이 되지 않는 법 둘째는 소소함과 소박함을 유지하는 것이다. 꿈과 비전은 대단한 그 무엇도 아니고 대박을 추구하는 것도 아니다. 그런 것들은 가짜다. 가짜에 현혹되지 말아야 한다. 위대한 사람은 대단한 뭐가 있는 사람이 아니라 소소한 일에 행복을 느끼고 소박하게 살아가는 사람이다. 제갈공명의 말처럼 "세상을 바꾸는 사람의 삶은 고요한 마음으로 자신을 다스리고 검소함과 절제로 덕을 기르는 것이다.(夫君子之行 靜以修身 儉以養德)" 대박이 아닌 소소함을, 화려함 대신 소박함을, 위대한 것 대신에 검소한 삶을 추구한다.

괴물과 싸우면서도 괴물이 되지 않는 법 마지막은 치원致遠이다. 목적지가 멀어도 끝까지 가는 것이다. 갈려면 끝까지 가라. 끝까지 가야지 어설프게 가다 말면 안 된다.

괴물과 이렇게 싸워야 한다. 첫째로 평안하고 고요한 마음으로, 둘째 소소하고 소박한 것을 추구하며, 마지막으로 부드럽게, 그러나 끝까지!

괴물과 싸우면서도 괴물이 되지 않는 법에 대한 제갈공명의 인생 제안이다.

'배움을 좋아하는 것'과 '분노를 옮기지 않는 것'이 무슨 상관이야?

...

배움의 진정한 정수는 자신을 객관적으로 보는 것

"배움이란 자신의 분노를 타인에게 전가하지 않는 것"이라고 공자는 말했다. 배움을 좋아하는 것과 분노를 전가하지 않는 것은 어떤 연관이 있을까? 별로 관련이 없어 보이는 배움과 분노는 어떻게 연결될까?

바지를 내리고 변기에 앉았는데 화장실에 휴지가 없다고 해보자. 황당하기 그지없고 화가 치밀어오를 것이다. 이것이 첫 번째 분노다. 화장실에서 나온 당신은 소리를 지른다. "휴지를 다 썼으면 갖다 놓아야 할 것 아니야! 왜 다들 이 모양이야?" 이것이 두 번째 분노다.

두 번째 분노는 자신의 화를 다른 사람에게 옮기는 것이다. 다른 사람에게 분노를 전가하는 것이다. 첫 번째 분노는 당연히 일어날 수 있다. 그러나 두 번째 분노는 선택이다. 화장실에서 나와서 화장실 담당자가 누구인지 찾아, 그와 조용히 이야기 나눌 수도 있다. 그리고 향후 휴지가 떨어졌을 때 어떤 식으로 채워놓을지를 점검하고 매뉴얼화할 수도 있다.

두 번째 분노야말로 진정한 잘못이다. 자신의 분노를 다른 사람에게 옮겨서 가해자가 되어버렸기 때문이다. 공자는 배움이란 두 번째 분노를 일으키지 않는 것이라고 보았던 것 같다.

> 애공이 묻기를 "제자 가운데 누가 배움을 좋아합니까?" 하니 공자께서 대답하여 말씀하셨다. "안회라는 자가 배움을 좋아하여 분노를 옮기지 않아서 잘못을 두 번 저지르지 않았는데 불행히도 단명하여 죽었소. 지금은 없으니, 아직 배움을 좋아하는 자를 듣지 못했습니다."
>
> 哀公問 弟子孰爲好學 孔子對曰 有顔回者好學 不遷怒 不貳過 不幸短命死矣 今也則亡 未聞好學者也
>
> –《논어》 옹야편(雍也篇) 2장

안회를 칭찬한 말, '불천노不遷怒 불이과不貳過'는 '분노를 옮기지 아니하고, 잘못을 두 번 저지르지 않았다'는 말이다. 분노가 일어나는 것이 첫 번째 허물이고 그것을 옮기는 것이 두 번째 허물이라는 말이다.

배움이란 호기심의 눈으로 사물을 바라보는 것이지 감정의 눈으로 사물을 보는 것이 아니다. 공자는 누가 배움을 좋아하느냐는 말에 별 연관이 없어 보이는 '불천노不遷怒 불이과不貳過'라는 말을 하였다.

공자는 왜 '배움을 좋아하는 것'과 '화내지 않는 일'이 직접적으로 연관되어 있다고 보았을까? 공자에게 배우는 일이란 자신의 감정을 상대화시키고 감정과 자신을 분리하는 일이었을 것이다. 자신을 객관적으로 보는 것이 배움의 진정한 정수이다. 자신을 객관적으로 본다는 것은 자신의 감정을 객관적으로 본다는 것이다. 자신의 트라우마, 분노의 발화지점을 보는 일이다. 자신과 자신의 감정을 관찰의 대상으로 삼는 것이 진짜 배움이다.

분노를 옮기는 것은 두 번째 잘못을 저지르는 일이다. 배움이란 분노를 옮기지 않음으로써 두 번째 잘못을 저지르지 않는 것이다.

리더십에 대한 가장 완벽한 정의는 무엇인가?

…

명덕, 혁신, 비전

리더십에 대해 수많은 정의가 있지만 내가 보기에 가장 완벽한 정의는 《대학大學》 첫머리에 나온다. 리더십은 큰 배움(大學)이다. 리더십의 본질은 크게 배우는 것(大學)이다. 무엇을 배우는 일인가? 명덕明德, 혁신(親民), 비전(至善), 이 세 가지를 배우는 것이다. 《대학》 1장을 보자.

배우는 것의 목적은

大學之道(대학지도)

잠재능력을 밝은 곳으로 끌어내어 인간을 성장하게 하는 것이고

在明明德(재명명덕)

사람들을 연대와 협력 속에 살게 하는 것이고

(혹은 사람들을 끊임없이 혁신하게 하고)

在親民(재친민)

조직이 유머가 넘치는 즐거운 분위기, 공동의 목적에 머물도록 하는 것이다.

在止於至善(재지어지선)

지선(비전)에 머무르기 위해서는 먼저 반복적으로 행동하고 있는 것을 멈추고, 공동의 목적에 초점을 맞추어야 하는데 그것을 '방향 정定하기'라고 한다. 결국 가장 중요한 것은 방향을 새롭게 정하고, 개념을 새롭게 정의하고, 공동의 목표를 정하는 것이기도 하다.

知止而后 有定(지지이후 유정)

가장 좋은 방향이 정해져야 무지의 두려움에서 벗어나 정서가 안정되고,

定而后 能靜(정이후 능정)

정서가 안정되면 여유가 생기고 편안해지며,

靜而后 能安(정이후 능안)

마음이 편안해야 비로소 창의적 생각을 할 수 있게 되고,

安而后 能慮(안이후 능려)

창의적으로 생각해야 비로소 성취를 이룰 수 있다.

慮而后 能得(려이후 능득)

존재하는 모든 것에는 본질적인 것과 지엽적인 것이 있고,

物有本末(물유본말)

일어나는 모든 일에는 끝과 시작이 있으니

事有終始(사유종시)

먼저 해야 하는 것과 뒤에 해야 하는 것의 순서를 알면

知所先後(지소선후)

그것이 진리에 가깝다.

則近道矣(즉근도의)

이것이 《대학》 1장의 전체 원문이다. 좀 더 자세히 해석하면 다음과 같다.

첫째로 리더십은 잠재능력을 드러내는 것(明德)이다. 잠재능력을 드러내 성장시키는 것이 리더십이다. 명덕明德은 잠재능력을 밝은 곳으로 드러내는 것인데, 잠재능력 중에서 타인에게 도움을 줄 수 있는 능력을 덕德이라고 한다. 개인의 고유한 독자성을 드러내 성장시키는 것이 명덕이다. 한마디로 리더십은 잠재능력을 끌어내서 사람을 성장시키는 것이다.

둘째로 리더십이란 사람들을 존중하고 그들과 연대하여 함께 혁신(親民)하는 것이다. '親'은 연대와 협력을 뜻하는 '친親'이기도 하고 혁신을 뜻하는 '신新'이기도 하다. '신민親民'이란 '사람들과 어울려 협력한다'는 의미이기도 하고, '사람들을 새롭게 한다'는 뜻이기도 하다. 화합하여 친하게 지내는 것, 서로 연결하는 것, 서로 연대하는 것, 프로세스를 혁신하는 것, 그래서 개인, 조직, 사회 모두를 새롭게 하는 것이다.

마지막으로 리더십이란 지선至善이다. 지선이란 비전이다. 가장 좋은 곳에 도달하여 그 선한 상태(至善)에 머무르는 것이다. 그걸 비전이라 하고 추구하는 이상이라 한다. 비전은 도달할 수 없는 유토피아나 천국 같은 곳이 아니라 지금 여기 바로 이곳이어야 한다. 가장 이상적인 조직은 유머가 넘치고, 즐겁게 일하고, 자연스러운 분위기의 조직이다. 그것이 지선의 조직이다. 지선의 조직은 행복하게 일하는 조직이다.

배움에는 작은 배움도 있고, 큰 배움(大學)도 있다. 작은 배움은 전문성의 영역이고, 큰 배움은 리더십과 철학의 영역이다. 배울 때는 작은 것도 배워야 하지만 큰 걸 더 중요하게 배워야 한다. 큰 배움의 길道은 어떻게 가야 하는가? 가장 좋고 가장 선한 곳(至善)에 머무르기 위해서는 먼저 해야 할 게 있다. 그게 뭐냐? 지금 반복적으로 행동하고 있는 것을 멈추는 것이다. 반복적 행동을 멈추고, 가장 좋고 가장 선한 비전(至善)에 초점을 맞추는 것, 그것을 '방향 정定하기'라고 한다. '방향 정하기'란 무슨 말이냐?

지지이후 유정知止而后 有定.

'방향 정하기'란 예를 들어 설명하자면 이런 말이다.

"애플은 휴대폰을 들고 다니는 컴퓨터로 봤고, 노키아는 통신기기라고 봤다. 휴대폰을 컴퓨터라고 정의한 순간 모든 것이 달라졌다."

방향을 어디로 정하는가에 의해 모든 것이 달라진다. 방향은 관점이고, 관점이란 최종 이미지, 즉 결과물의 최종 이미지에 의해 달라진다. 결과물의 최종 이미지가 달라지면 과정도 달라지고, 재료도 달라지고, 일하는 데 요구되는 능력도 달라지고, 변화의 경로와 프로세스에 대한 설계도가 모두 달라진다. 관점이 달라진다는 것은 모든 게 달라진다는 의미다. 창조적 조직이나 창의적 인간은 개념을 재정의하는 일부터 시작한다. 방향 정하기, 그게 가장 근본이 되는 일이다.

세상을 바꾸는 조직의 특징은 무얼까? 토론이 바로 차이를 만든다. 거기에 속한 구성원들이 매일 아침 함께 자신들이 만들 결과물의 최종 이미지에 대해 고민을 한다. 방향을 정하는 토론이다. 토론에서 자기와 다른 생각에 방어적으로 대응하지 않는다. 세상을 바꾸는 조직은 토론이 살아있다. 방향을 정하는 토론이 매일 벌어진다. 결국 모든 일의 근본은 방향을 새롭게 정하고, 개념을 새롭게 정의하는 일이다. '방향 정하기'는 도전의 '목표 정하기'이기도 하다. 다시《대학》의 첫 번째 내용으로 돌아가 보자.

> 가장 좋은 방향(至善)이 정해지면, 무지의 두려움에서 벗어나 정서가 안정되고, 정서가 안정되면 여유가 생기고 편안해지며, 마음이 편안해야 비로소 창의적 생각을 할 수 있게 되고, 창의적으로 생각해야 비로소 성취를 이룰 수 있다.
>
> 定而后 能靜 靜而后 能安 安而后 能慮 慮而后 能得
>
> (정이후 능정 정이후 능안 안이후 능려 려이후 능득)

> 존재하는 모든 것에는 본질적인 것(本)과 지엽적인 것(末)이 있고, 일어나는 모든 일에는 끝(終)과 시작(始)이 있으니, 먼저 해야 하는 것과 뒤에 해야 하는 것의 순서를 알면 진리에 가깝다.
>
> 物有本末 事有終始 知所先後 則近道矣
>
> (물유본말 사유종시 지소선후 즉근도의)

'큰 배움의 길'은 달리 말하면 순서를 아는 것이다. 그것이 왜 중요한가? 순서를 아는 것이 진리(자연의 법칙)에 가깝기 때문이다. 반복적으로 하는 걸 멈추고 방향 정하기를 시작하는 것이 가장 먼저 해야 하고 가장 중요하게 해야 하는 일이다. 애플이 휴대폰을 통신기기가 아니라 들고 다니는 컴퓨터로 정의한 순간 모든 것이 달라진 것처럼.

조직이나 사회 전체의 행복지수는 측정 가능한가?

...

전체 행복지수는 사람들이 느끼는 감정의 총량이다

리더십은 측정 가능한가?

한 사회, 또는 한 조직의 전체 행복지수는 측정 가능한가? 둘 다 측정 가능하다. 한 사회의 행복지수는 사람들이 느끼는 감정의 총량이다. 사회 전체의 행복지수는 서로에 대한 친절한 말의 총량, 유머의 총량, 상대의 존재를 인정해주는 말의 총량, 즉 인정욕구의 충족도에 의해 결정된다. 조직도 그렇다. 《중용中庸》의 첫 장에 이런 무지막지한 이야기가 나온다.

> 천하 모든 것의 가장 큰 근본이 뭔 줄 아느냐? 그것을 중中이라 한다.

그럼 천하의 모든 것에 두루 통하는 도가 하나 있는데 그게 뭔 줄 아느냐?
그것을 화和라 한다.
세상 모든 것의 근본을 중中이라 하는데 중中이 뭐냐?
기쁨, 분노, 슬픔, 즐거움의 감정이 아직 일어나지 않은 상태를 중中이라 한다.
그럼 천하에 통하지 않는 것이 없다는 화和는 뭐냐?
기쁨, 분노, 슬픔, 즐거움 같은 감정이 일어나도
그 상황에 가장 잘 어울리고 절도에 맞는 상태를 화和라 한다.

감정이 일어나지 않은 중中의 상태를 유지해야 한다는 것이다. 정서적 안정이 무엇보다 중요하다는 의미이기도 하다. 화和란 감정이 일어나도 넘치지 말아야 한다는 것이다. 이런 이야기도 충분히 논쟁적인데 한 발 더 나아가 이렇게 마무리를 한다.

세상이 제대로 돌아가는 꼴을 보고 싶으냐? 만물이 번성하기를 원하느냐? 천지가 제자리를 찾고 만물이 번성하는 꼴을 보려면 이 중中과 화和를 끝까지 실현하면 된다.

이 글을 읽고 주자의 제자가 격분하여 이렇게 말했다.

"아니, 스승님. 세상에 이런 구라가 어디 있습니까? 세상이 제대로 돌아가는 것과 기뻐하고 분노하고 슬퍼하고 즐거워하는 것이 도대체 무슨 상관이 있다는 겁니까? 그리고 기뻐하고 분노하고 슬퍼하고 즐거워하는 것이 만물의 번성과 도대체 무슨 상관이 있다는 겁니까? 이게 말이 되는 겁니까?"

《중용》에 나오는 이 말에 크게 공감하고 있던 주희는 불쾌하기 짝이 없어 이렇게 퉁박을 주었다.

"야, 이놈아. 왜 연관이 없냐? 임금이 착한 사람을 좋아하여 상을 주면 사람들이 좋은 일을 하려고 힘쓰게 되는 것이고, 나쁜 일을 한 사람에게 화를 내면서 벌을 주면 사람들이 나쁜 짓 하는 것을 두려워하게 되는 것 아니겠느냐. 이 못난 놈아. 감정의 조절이 천지만물과 상호 연관되어 있다는 증거가 얼마나 많은지 알기나 하고 말하는 것이냐. 생각을 하면서 주둥아리를 놀리거라."

주희의 말이 과연 설득력이 있느냐, 그 제자의 말이 설득력 있느냐의 문제는 차치하고 감정의 문제가 천지만물의 질서와 연관되어 있다는 《중용》의 첫 장은 요즘 말로 바꾸면 경제성장(GDP)이 아니라 국민총행복(GHN, Gross National Happiness)이 더 근본적이라는 주장이다. 정치는 기쁨, 분노, 슬픔, 즐거움의 감정이 아직 일어나지 않은 중中의 상태로 돌아가야 한다는 말은 어떻게 해석해야 할까? 리더는 가능한 한 말을 줄여야 한다. 문재인 대통령은 왜 높은 지지율을 유지할 수 있을까? 말을 하지 않기 때문에 그렇다. 특히 부정적인 말, 감정적인 말을 하지 않는다. 중中의 상태를 유지하는 것이다. 말을 하더라도 좋은 말만 한다. 공동의 목적과 비전에 대한 말만 한다. 정치에서 '감정이 아직 일어나지 않은 중中의 상태로 돌아가야 한다'는 말을 적절하게 실천하고 있는 것이다.

감정 혹은 정서의 빅데이터는 측정할 수 있을까? 영향력이 큰 권력자의 정서 불안정이 전체에 미치는 영향은 어느 정도일까? 한국의 정치에서, 이명박이나 박근혜를 통해 우리는 그것이 얼마나 크게 영향을 주는지 실제로 체험했다.

감정을 처리하는 최적의 방식이나 태도는 교육이나 훈련으로 익힐 수 있을까? 자신의 감정을 적절하게 표현하고 타인의 감정을 헤아리는 능력은 교육과 훈련을 통해 익힐 수 있다. 사회 전체의 질적 수준은 경제성장이 아니라 서로 간에 얼마나 감정을 배려하고 상대방을 존중하느냐에 따라 결정되는 것이다. 사회 전체의 행복지수는 서로에 대한 친절한 말의 총량, 유머의 총량, 상대의 존재를 인정해 주는 말의 총량, 즉 인정욕구의 충족도에 의해 결정된다. 조직도 그렇다.

직장생활이 사랑처럼 달콤할 수 있을까?

도파민이 분비돼야 프로가 되고,
옥시토신이 분비돼야 안정적인 조직생활이 가능하다

사랑하는 사람과의 감정 관계는 노동이 아니다. 서로의 자아를 상승시켜주는 관계다. 일이 마치 사랑하는 사람과의 관계처럼 될 수 있을까? 4차머시기혁명, AI 등장, 일자리가 줄어드는 시대…. 일의 개념이 달라지는 시대가 강도처럼 오고 있다. 이런 시대에 일을 대하는 관점, 조직을 바라보는 관점은 어떠해야 할까?

직장생활이 사랑처럼 달콤할 수 있을까? 사랑하는 일을 하면 된다. 한 사람하고만 사랑하리란 법은 없다. 사랑은 움직이기 때문이다. 기업의 수명은 짧아지고 인간의 수명은 길어졌다. 여러 가지의 직업을 가질 수밖에 없는 장수만세의 시대다. 나는 교육의 본질이 사랑하는 일을 찾는 과정이라고 본다. 내가 하는 일이 초콜릿처럼 달콤하면 얼마나 좋을까?

일이 사랑처럼 달콤할 수 없는 이유는 내 마음에서 일어나지 않는 일도 해야 하기 때문이다. 내가 익숙하지 않은 일이나 관계, 어떤 정해진 역할과 업무를 해야 하기 때문이다. 개인의 감정보다는 공동의 목표와 기준에 따라야 한다. 사랑하는 일을 하면 어떤 일이 생길까? 사랑이 시작되는 시기에는 도파민이 분비되고, 그때는 미친 듯이 집중하게 된다. 그게 오래 가지는 못한다. 몸에 무리가 오기 때문이다.

> "도파민이 분비되는 열정의 18개월은 남녀 사이에 미칠 듯한 감정을 샘솟게 한다. 계속 도파민이 분비되면 사람의 심장에 무리가 온다. 수명을 유지시키기 위해서 인간은 본능적으로 도파민의 분비를 중단시킨다. 도파민 분비가 줄어들고 나면 그 대신 옥시토신이 생성된다. 애착과 안정감을 강화시켜주는 호르몬이다."

도파민이 분비되어야 프로가 되고, 옥시토신이 분비되어야 안정적인 조직생활이 가능하다. 일에서 도파민의 분비가 필요할 때가 있고, 옥시토신의 분비가 필요할 때가 있다. 그런 일은 어떻게 가능할까? 사랑하는 일을 하거나, 하는 일을 사랑하거나, 서로 존중하는 사람들이 모여 사랑하는 일을 하면 그 일이 나를 상승시킨다. 노동은 경제 행위로서의 의미만이 아니라 활동시간의 대부분, 생활의 대부분을 차지한다는 점에서 삶에서 가장 중요한 부분이다.

일자리가 줄어드는 시대, 일의 개념이 달라지는 시대가 강도처럼 오고 있다. 노동은 사람이 살아가기 위해 누구에게나 주어져야 하는 평등한 의무이자 권리이다. 문제는 조직이다. 조직이 마음으로 일하는 공간이 아니면 그곳은 환멸의 공간이 된다. 대체 무엇이 직장생활을 무덤으로 만드는 것일까? 억압적인 조직은 지옥이 된다. 일과 사랑, 일과 취미의 분리가 무덤을 만든다.

흥미가 1도 없는 일을 하는 게 가능한가? 개인에게 가장 중요한 자원은 시간자원이다. 시간은 한정되어 있다. 일과 사랑이 분리되면 시간은 절대 부족해진다. 타임푸어(시간 거지)가 된다. 시간에 쫓기는 인생이 된다. 사랑하는 일을 하든지, 아니면 하고 있는 일을 사랑해야 한다. 도파민이 분비되는 일을 해야 프로페셔널이 된다. 짧은 시간 집중하고 보람을 느낄 만큼 알차게 구성할 줄 아는 능력이 생긴다. 시간과 자원을 안배할 줄 아는 능력이 생긴다.

사랑하지 않는 일은 지옥처럼 힘들다. 노동의 강도는 생각보다 힘겹다. 거기다 일을 할 때 생각지도 않은 노동이 생긴다. 바로 감정 노동이다. 이 감정 노동은 노동력과 시간을 투입하는 데 그치는 것이 아니라 자존감을 지불해야 한다. 감정 노동은 사람을 소모시킨다. 이 말의 의미는 존중할 만한 사람과 일해야 한다는 것이다. 신뢰할 만한 사람과 일해야 한다는 의미다.

감정 노동은 본질적으로 보상체계가 없다. 자존감은 돈으로 환산

할 수 없는 것이다. 감정 노동은 관계에서 발생하는 노동이다. 개인만이 가지고 있는 경험의 역사가 다르고, 개성이 다르고, 상황이 다르기 때문에 관계의 갈등은 피할 수 없다.

위계적인 조직에서 감정 노동의 강도는 강해진다. 관계가 스트레스를 유발한다. '서로 화목해야 한다'는 당위성은 이런 스트레스 구조를 해결하는 데 별 도움이 안 된다. 불행히도 적절한 소통 방식을 서로 잘 모른다. 타인의 마음의 결을 읽을 줄 아는 훈련도, 자신의 마음을 표현할 줄 아는 훈련도 안 되어 있다.

어떻게 하면 직장이 사랑의 무덤이 되고, 조직이 신뢰의 무덤이 되는 비극을 피할 수 있을까? 핵심은 일을 대하는 가치판단에 있다. 사랑하는 일을 하거나 하는 일을 사랑할 것, 신뢰할 만한 사람과 일을 하거나 같이 일하는 사람을 신뢰할 것! 그 다음은 구성원 간의 옥시토신 분비가 충분할 정도의 적당한 노동강도와 노동시간을 유지할 것! 인간에 대한 존중을 우선으로 하는 일자리, 사람을 성장시켜주는 직장, 행복한 일, 행복한 경제를 추구하는 새로운 흐름도 등장하고 있다. 사회적경제가 바로 그것이다. 소셜벤처, 사회적기업, 협동조합, 커뮤니티 비즈니스가 그런 것들이다.

행복은 충분한 돈과 노는 시간만으로 이룰 수 없다. 마음의 결을 읽기 위해 노력하는 것, 자신의 마음을 정직하게 그러나 평화적으로 표현할 줄 아는 것이 중요하다. 목표달성에 급급해 어루만지지 못하고 있는 인간의 감정 노동은 오늘도 직장을 가득 메우고 있다. 오늘도 인정과 존중을 원하는 수많은 개인들이 직장의 문 안으로 걸어가고 있다. 사랑하는 일을 할 것, 아니면 하고 있는 일을 사랑할 것, 존경하는 사람과 일할 것, 그리고 타인을 존중하는 태도를 가질 것, 이것이 대안이다.

미소는 왜 미소를 부르는가?

운명과 인과법칙을 허무는 신의 게임

내가 불러내는 게 뭐냐.

그것이 중요하다. 미소는 미소를 부르지 귀싸대기를 부르지는 않는다. 친절은 친절을 부르지 폭력을 부르지는 않는다. 분노는 대박 분노를 부르고 미소는 더 환한 미소를 부른다.

기쁘게 살려면 작은 일에 크게 기뻐하면 되고, 슬프게 살려면 작은 일에 구슬피 울면 된다. 기쁨은 또 다른 기쁨을, 슬픔은 또 다른 우울함을 불러들인다. 기쁨은 혼자 오지 않는다. 기쁨을 불러내면 자기와 비슷한 친구들을 데리고 온다. 용서도 데려오고, 관대함과 포용력도 같이 세트로 따라온다. 기쁨은 분노와 적대적이라 동시에 공존할 수 없다. 좋은 것은 좋은 것을 부르고, 나쁜 것은 나쁜 것을 부른다. 분노는 두려움, 짜증, 우울, 증오라는 자기 친구들을 불러온다. 사소한 일도 크게 기뻐하는 것이 인생의 비법이다. 작은 성공을 크게 축하하는 것이 공동체나 조직의 비법이다. 혁신은 또 다른 혁신을 불러온다. 사소한 변화를 소중히 여기는 것, 그것이 변화를 순환시키는 선순환의 방법이다. 우리가 꿈꾸는 세상은 먼 미래에만 있는 것이 아니다. 지금 이 순간 바로 여기서 미소 지으면 지금 여기가 천국이다.

반대로 나쁜 일을 만나면 '역행의 태도'를 취해야 한다. 역행의 태도는 상대의 행동과 반대되는 행동을 하는 것이다. 공격적인 사람이 나쁜 신호를 보낼 때는 반대로 행동하면 된다. 화를 내면 웃어주고, 비난은 농담으로 받아주는 것이다. 문제와 맞서기보다 문제를 받아 안아주는 방법이다. 이것이 효과를 발휘하는 이유는 분노의 생명이 길지 않기 때문이다. 분노에 분노로 맞서면 파괴적인 결과를 불러온다.

신이 인과법칙을 허무는 방법은 무엇을 받았든 간에 좋은 것으로 되돌려주는 것이다. 모든 걸 용서하는 그 순간 인과법칙은 무너진다. 분노가 올 때 미소로 되돌려주면 당신은 좋은 것의 시작점이 된다. 그것이 인과법칙과 물리의 법칙을 허무는 신의 게임이다. 나쁜 것을 받았을지라도 나쁜 것으로 갚지 않으면 그 순간 좋은 것의 출발이 된다. 좋은 것으로 나쁜 것을 이겨야 새로운 인과법칙의 시작이 된다. 분노를 분노로 갚으면 분노에 지는 것이다. 분노가 날아오면 유머로 되받아치도록 하자. 미소 짓는 시간에는 악이 마음 안에 살 수 없다. 그 순간에 새로운 인과법칙이 시작되고 새로운 세상이 시작된다.

아이디어보다 중요한 것은?

...

아이디어를 말할 수 있는 분위기

아이디어보다 중요한 것은 아이디어를 말할 수 있는 분위기다. 아이디어는 일회용이지만 아이디어를 말할 수 있는 분위기는 지속가능한 것이기 때문이다. 성숙한 사람은 자기의 아이디어를 자랑하기보다 다른 사람들이 아이디어를 생각하도록 촉발하는 사람이다. 성숙한 사람은 아이디어를 말할 수 있는 분위기를 만들고 아이디어를 들어주는 사람이다.

권위는 아이디어에서 나오는 것이 아니라 침묵에서 나오고, 영향력은 입으로 말할 때 발휘되는 것이 아니라 귀로 들을 때 발휘된다. 집단적 사고의 수준을 극대화하는 것이 리더의 역할이다. 집단적 사고에 대하여 한비자는 이렇게 정의한다.

"한 사람의 힘은 여러 사람의 힘을 당할 수 없다. 한 사람의 지혜로는 모든 부문에 눈길이 가지 않는다. 한 사람의 지혜와 힘을 사용하는 것보다는 온 나라의 지혜와 힘을 모으는 편이 낫다. 혼자만의 생각으로 일을 처리하면 어쩌다가 성공할 수는 있어도 극도로 피로해진다. 또 일이 잘 안 풀리면 눈 뜨고 볼 수 없는 상황이 오게 된다. 닭이 시간을 알리고 고양이가 쥐를 잡듯이 구성원 한 사람 한 사람에게 능력을 발휘하도록 하고, 위에 있는 사람은 스스로 나설 필요가 없다. 리더가 직접 능력을 발휘하면 일이 매끄럽게 굴러가지 않는다."

살아남는 조직은 여러 사람의 지혜와 힘이 모이는 조직이다. 뛰어난 아이디어가 중요한 것이 아니라 다양한 아이디어가 자연스럽게 이야기되는 분위기가 중요하다. 아이디어는 일회용으로 끝나지만 아이디어를 말할 수 있는 분위기는 아이디어를 쏟아지게 하는 지속가능한 시스템이다.

지속가능한 조직의 특징은 무엇인가?

···

성장하는 조직에는 세 가지 장치가 있다

성장하는 조직은 어떤 특징이 있을까? 조직이 성장하면서 동시에 사람도 함께 성장해야 한다. 물론 성장은 저절로 이루어지지 않는다. 성장을 위해서는 '목표' '영감' '협력'이라는 세 가지 장치가 필요하다.

먼저 목표를 세워야 성장할 수 있다. 사람들은 목표를 세우지 않으려고 한다. 왜냐하면 목표를 달성하지 못할까 봐 두렵기 때문이다. 그래서 목표설정 능력이 퇴화되고 만다. 이것은 성장에 치명적인 장애가 된다. 아침에 커피를 마시며 오늘의 '가장 중요한 일'이 무엇인지 생각하고, 매주 매달 '꼭 이루고 싶은 목표'를 스스로에게 질문해야 한다. 그리고 동료들에게 이렇게 묻는다.

"우리의 공동 목표는 무엇인가?"

이 질문을 하는 것이 동료를 가장 크게 도와주는 것이다. 이것을 '목표 장치'라 한다.

다음으로 매일 만나는 사람만 반복적으로 만나는 것이 아니라 다른 분야의 사람들과 정기적으로 대화를 하자. 그래야 성장한다. 매일 보는 사람만 반복적으로 보면 무슨 새로운 자극이 있겠는가? 영감은 오히려 다른 분야의 사람들에게서 온다. 다른 분야의 사람들을 의식적으로 찾아 교류할 필요가 있다. 자문이나 조언을 해줄 수 있는 사람을 옆에 두어야 한다. 인격적으로 문제가 없는 사람이라면 상사도 훌륭한 조언자가 될 수 있다. 자신이 잘 모르는 영역에 대해서는 반드시 조언자나 멘토가 필요하다. 자신이 잘 모르는 문제나 자신이 없는 문제를 자신의 짧은 직관으로 처리하는 것은 실패를 부르는 일이다. 새로운 사람을 통해 영감을 자극받는 것, 이것을 '조언 장치'라 한다.

마지막으로 중요한 것은 도와주려는 마음이다. 동료들에게 무엇을 도와주면 좋을지 질문해야 한다. 도와주면서 정작 가장 큰 도움을 받는 사람은 자기 자신이다. 역설적인 일인데, 도와주는 가장 좋은 방법 중 하나는 도움을 요청하는 것이다. 도움을 요청하면 그 사람도 도와주면서 자존감도 올라가고 자부심도 커진다. 그리고 그 과정에서 교감이 이루어지는데 이것이 중요하다. 그런 교감을 통해 조직의 전체 업무를 파악하는 눈도 생기고 인간적인 신뢰도 생긴다. "상대를 도와주기 위해서 상대에게 도움을 요청하라!" 도움을 요청하는 가장 좋은 방법은 자신의 기획안이나 아이디어에 대한 피드백을 요구하는 것이다. 이것을 '협력 장치'라고 한다.

이 세 가지는 반드시 지녀야 하는 성장의 장치다. 일을 재미있게 하는 방법은 이런 장치를 갖는 것이다. 그래야 성장한다. 성장의 기쁨이야말로 진정한 행복이다. 지금 재미있게 일하지 못하면 조직이 성공해도 재미있게 일하지 못한다. 지금 즐겁지 못하면 나중에도 즐거워하지 못한다. 우리가 나중에 돈을 많이 벌어서 성공을 해야 행복할 수 있는 게 아니다. 지금 즐겁고 행복해야 한다. 지금 행복하지 못하면 나중에 성공해도 행복할 수 없다.

리더십의 핵심은 관찰!
무엇을 관찰해야 하는가?

…

무엇을 반복하는가, 누구와 연결되어 있는가

언젠가 리더십 관련된 책을 한번 훑어본 적이 있다. "다 개소리더라." 이렇게 말하면 좀 지나친 말이겠지만 쓸 만한 책이 별로 없더라. 리더십에서 가장 중요한 단 하나를 꼽으라면 그것은 무엇일까? 리더십은 타인의 능력을 키워주는 능력이다. 타인의 능력을 키워주기 위해서 필요한 것은 무엇일까? 관찰이다.

인간은 누구나 자유로울 수 없다, 타인을 돌보아야 할 책임에서. 그러므로 인간은 누구나 피할 수 없다, 리더가 되어야 하는 운명에서. 누구나 타인을 도와야 하고 누구나 리더가 되어야 한다. 유능한 사람이란 타인의 유능함을 발견해서 드러나게 해주는 사람이다.

돕는 일은 쉽지 않다. 타인을 돕는 일에는 고도의 능력이 필요하다. 상대가 지닌 능력이 무엇인지를 알아야 그 능력을 끄집어낼 수 있다. 그러므로 리더에게 가장 중요한 능력은 관찰하는 능력이다. 무엇을 관찰해야 하는가? 리더가 사람을 관찰할 때 가장 중요한 포인트는 두 가지다.

하나는 '그 사람이 누구와 얼마나 연결되어 있는가'이고, 다른 하나는 '그 사람이 무엇을 반복하고 있는가'에 대한 것이다. 그런데 사람들은 흔히 옳은가 그른가, 선한가 악한가, 맞는가 틀린가, 이런 차원으로 관찰을 하고 판단하려고 한다. 그것은 질이 낮은 관찰이고 어리석은 관찰이다. 어리석다는 것은 현실을 정확하게 볼 줄 모르는 것을 말한다.

리더가 되고자 하는 사람은 반드시 관찰하는 방법과 해석하는 방법에 대해 고민해야 한다. 유능한 사람은 도와주기 위해서 관찰한다. 그리고 그 관찰 결과를 해석하여 상대의 능력을 끄집어내는 데 활용한다. 리더는 '누구와 얼마나 많이 연결되는가'와 '무엇을 얼마나 많이 반복하는가', 이 두 가지에 초점을 맞추어야 한다.

누구와 연결되어 있는가에 대한 관찰은 구체적으로 이런 것이다. 아침에 카톡으로 누구와 인사하는가? 자문을 구해야 할 때 누구에게 연락하는가? 어려움에 부딪혔을 때 누구와 상의하는가? 자신이 하는 일에 도움을 주는 사람, 영감을 주는 사람과 연결되어 있으면 그는 대단히 유능해진다. 이런 건 직접 물어도 좋고 설문을 해도 좋다.

무엇을 반복하는가에 대한 것은 직접적으로 관찰이 가능하다. 가장 많이 반복되는 것은 태도와 언어다. 예를 들어 자신이 하는 일에 대해 질문을 반복하는가? 자신이 하는 일을 얼마나 창조적으로 표현하는가? 특히 질문하는 태도와 질문의 언어는 결정적으로 중요하다.

자신이 하는 일에 영감을 구하는 사람인가? 인사를 잘하고 미소를 잘 짓는 사람인가? 표정이 밝은 사람인가? 고마워할 줄 아는 사람인가? 이런 것들은 평상시에 쉼 없이 반복되는 것들이다. 이런 사소한 것들이 쌓이고 쌓여 그 사람의 본질이 된다.

주장보다 질문이 많은 사람을 채용하고, 주장보다 질문하기를 훈련시켜야 한다. 수가 적으면 변화가 일어나지 않지만 수가 많아져서 어느 범위를 넘어서면 새로운 변화가 생긴다. 그리고 단순한 것이 무수하게 반복되면 어느 순간 변화가 일어난다. 변화를 위해서는 무수한 반복이 필요하다. 반복의 양이 질의 변화를 가져온다. 반복되는 것이 사람을 끌고 간다.

결과는 무엇을 반복하는가와 누구와 연결되어 있는가에 의해 미리 예정되어 있다. 습관적으로 반복하는 것을 찾아내면 어떤 결과로 이어질 것인지에 대해서도 쉽게 예측할 수 있다. 누군가를 돕고자 하는 마음이 있다면 관찰부터 시작해야 한다. 왜 관찰을 생략한 채로 빨리 판단하려 하는가? 모든 오류는 거기서 생겨난다. 지루한 관찰의 시간을 즐기지 못하는 사람은 시시포스의 신화처럼 오류와 실패를 반복한다.

나는 무엇을 '반복'해야 하는가?

태도의 반복, 행동의 반복, 질문의 반복

무엇을 반복해야 하는지에 대해 가장 잘 설명하고 있는 경전은《중용》이다.

디테일의 지속적 반복을 성誠이라 하고, 지속적인 반복은 스스로 이루어진다. 誠者自成也

지속적으로 반복되면 길道이 생기고 길은 반복을 통해 스스로 길이 된다. 而道自道也

작은 일이 지속적으로 반복되는 성誠은 만물의 끝과 시작이다. 誠者 物之終始

지속적으로 반복되지 않으면 사물은 존재할 수 없다. 不誠無物

그렇기 때문에 군자는 지속적으로 반복되는 디테일을 가장 귀하게 여긴다. 是故 君子 誠之爲貴

작은 일이 지속적으로 반복되는 성誠은 스스로 자신을 완성시킬 뿐만 아니라, 남을 완성하게 한다. 誠者 非自成己而已也 所以成物也

자신을 완성시키는 것은 자신에 대한 사랑(仁)이고, 成己仁也

남(사물)을 완성시키는 것은 무엇이 반복되는지를 관찰하는 지혜(知)다. 成物知也

자기 존재를 사랑하는(仁) 것, 그리고 다른 존재가 지속적으로 반복하는 것이 무엇인지를 관찰하여 아는(知) 것, 이 두 가지가 타고난 본성(잠재능력)을 드러내는 덕이다. 性之德也

성誠이란 안과 밖 두 가지로 구성되어 있는데, 안은 자기 존재에 대한 지속적이고 반복적인 사랑(仁)이고, 밖은 다른 존재가 무엇을 반복하는지 그 본성을 관찰하여 아는 것(知)이다. 성誠이란 이 두 가지가 안과 밖(내외)으로 합하는 도이다. 合內外之道也

그러므로 때에 따라 자기에 대한 사랑과 사물에 대한 관찰을 마땅히 해야 한다. 故 時措之宜也

《중용》 25장의 내용이다. 질문의 반복, 태도의 반복, 행동의 반복에 대한 말이다.

씨앗에서 싹이 나서 자라고 꽃 피기 위해서는 수억 년 동안 반복되어온 유전자의 길을 따라야 한다. 그것을 천명, 즉 하늘이 만든 길이라고 하기도 하고 본성이라 하기도 한다. 본성은 수억 년 누적된 유전자의 설계도를 말한다. 씨앗에서 싹이 트기 위해서는 적당한 시간, 적당한 온도, 적당한 수분, 적당한 햇빛, 적당한 양분이 필요할 뿐만 아니라 내부에서 무수한 운동적 반복, 형태적 반복이 되도록 시스템화되어 있다.

《중용》은 천명으로 주어진 본성을 끄집어내기 위한 방법으로 작은(좋은) 일의 지속적인 반복을 제시한다. 그것이 지성至誠이다. 하늘이 부여한 본성의 핵심이 누적된 반복이기 때문에 그것을 드러내는 방법도 지속적 반복이다.

나는 무엇을 반복하고 있는가?

나는 무엇을 반복해야 하는가?

질문을 반복하고, 판단하기 전에 관찰하기를 반복하고, 협력을 반복하고, 미소를 반복하고, 자신감 있고 당당한 태도를 반복해야 한다.

살아남는 조직의 일하는 방식 네 가지는?

…

박학博學, 독지篤志, 절문切問, 근사近思

가장 중요한 일은 서로가 능력을 발휘할 수 있도록 도와주는 것이다. 오직 배우고자 하는 의지를 가진 사람만이 섬광처럼 변화가 일어난다. 일을 잘하기 위해서는 꼭 필요한 네 가지가 있다.

"널리 배우고(博學), 목표와 목적을 굳건히 하고(篤志), 모르는 것은 간절하게 묻고(切問), 가까운 '지금 이곳'에 대해 생각하는 것(近思)"이다.

'박학博學'이란 편협하게 배우는 것이 아니라 널리 배워야 한다는 말이다. 왜 널리 배워야 하는가? 이것은 두 가지 의미를 지니고 있다. 첫째는 하나만 배우면 새로운 것을 창조할 수 없지만 널리 배우면 서로 다른 것들을 연결시키고 융합시켜서 새로운 것을 창조할 수 있다. 둘째는 하나의 생각, 하나의 이념으로 매몰되면 독선에 빠지기 쉽고 편협한 사람이 되기 쉬우니 자신의 생각과 다른 생각을 포함해 다양하게 배워야 한다는 의미이다.

'독지篤志'란 뜻을 굳건히 하고 목적을 분명히 한다는 것이다. 요즘 말로 하면 비전을 확실하게 갖는다는 뜻이다. 그것은 '원하는 결과'가 나올 때까지 포기하지 않겠다는 것이고, 중도에 짜증이 나고 힘들어도 그 과정을 인내하겠다는 것이다. 목적이 분명한 사람, 목표의식이 지배하는 사람만이 인내심이 강하다.

'절문切問'은 간절하게 물어보는 일로, 인생에서 가장 중요한 일이다. 모든 것을 질문으로 환원하면 성장의 한계가 없다. 생각이란 내 머릿속의 질문과 대답이다. 질문하는 능력이 모든 능력의 어머니 능력이다. 질문이 없으면 주체적인 인간도 없다. 흉내 내는 학문 따위가 무슨 학문인가? 간절하게 질문하는 것이 학문이다.

'근사近思'는 두 가지 의미로 해석할 수 있다. 하나는 일상의 일로 생각하는 것, 가까운 이웃과 지금의 문제를 생각하는 것이 근사다. 다른 하나는 비슷한 것으로 미루어 새로운 생각을 끌어내는 것이다. 추상적이고 거대한 생각은 허황되기 쉽다. 학문은 현재의 문제를 해결하기 위해 존재하는 것이다. 학문이 비정규직의 문제, 실업의 문제, 소득 불평등의 문제, 부패의 문제와 정면으로 맞붙지 않으면 그것이 무슨 학문인가? 근사近思해야 근사한 학문이고 근사한 생각이고 근사한 인간이다.

자하가 말하길 이러하다.

> 널리 배우고(博學), 목적을 굳건히 하고(篤志), 모르는 것은 간절하게 묻고(切問), 가까운 '지금 이곳'에 대해 생각하면(近思) 진리(仁)는 그곳에 있다.
>
> 子夏曰 博學而篤志 切問而近思 仁在其中矣
>
> –《논어》, 자장 제6장

리더는 왜 타인을 억압하는 언어를 피해야 하는가?

말은 소용없네, 행동으로 보여줘야 열정은 전파된다

언어 중에는 이데올로기가 되는 것도 있다. '열정'과 '노력'이라는 언어도 지난 시대의 대표적인 이데올로기였다. 이데올로기는 타인을 통제하고 억압하는 수단이다. 열정과 노력이라는 언어는 남을 억압하는 언어, 자신을 포장하는 언어, 책임을 전가하는 언어로 사용되었다. 열정과 노력은 남에게 들이대는 억압적인 말이 아니라면 가치 있는 언어다. 타인을 평가하는 수단으로서의 '노력', 남에게 요구하는 '열정'이 아니라 자기의 내면에서 자연스럽게 올라오는 에너지가 열정이다.

열정을 조롱해도 실제로 열정이 아니고서는 목적지에 도달할 방법이 없다. 노력을 조롱해도 노력 말고는 목표를 이룰 방법이 없다.

사랑하는 대상을 향해 자연스럽게 올라오는 에너지! 그게 열정이다. 열정이 없으면 사랑이 성립이 안 된다. 열정은 남이 이래라저래라 할 게 아니다. 열정은 열정을 가진 사람이 행동으로 전염시키는 것이지 강요하는 게 아니다.

조직에 필요한 인재의 두 가지 특징은?

협력할 줄 아는 사람, 자신감 있는 사람

기업이 필요로 하는 인재는 심플하게 두 가지를 갖춘 사람이다. 하나는 협력할 줄 아는 사람이고, 다른 하나는 자신감 있는 사람이다. 협력할 줄 아는 사람과 당당한 사람은 매력적이다. 이 두 가지는 왜 필요한가? 협력(조화)할 줄 아는 사람, 자신감 있는 사람은 타인을 설득하는 힘을 가지고 있다. 모나고, 불만투성이고, 비관적이며, 의기소침해 있는 사람은 남을 설득시킬 수 없다.

세상은 계속 변하는데 그 속도가 점점 빨라지고 있다. 앞으로는 혼자 해결할 수 없는 문제가 점점 많아진다. 협력과 소통 능력이 갈수록 더 중요해진다. 사람들은 협력하고 소통을 하며 조화를 이룬다.

협력과 조화를 이루지 못하는 사람은 부정적인 사람을 만나면 거기에 동화되어버린다. 자신감이 없는 사람도 이런 부정적인 사람에게 끌려다닌다. 채용 면접관들은 모나고, 불만투성이고, 비관적이며, 의기소침해 보이는 사람은 거부한다.

이 문제는 사실 개인의 문제가 아니라 우리나라 교육제도의 문제다. 학교에서 협력할 줄 아는 사람과 당당한 사람으로 커나갈 수 있도록 교육의 목적과 방법, 교육제도를 확 바꾸어야 한다. 교육의 목적과 가치의 우선순위는 성적 하나가 아니라 수많은 다양한 능력으로 분산되어야 한다. 지금은 공부의 장벽이 사라진 시대이다. 유튜브와 인터넷을 통해 무엇이든 스스로 공부할 수 있는 세상이다. 호기심을 자극하면 서로의 능력이 상승한다.

지속가능한 조직의 성장훈련 방법은?

'~처럼' 훈련

가장 효과적인 성장훈련 방법은 '~처럼' 훈련이다. 우리는 '~처럼' 살아야 한다. '마치 주인인 것처럼' 살면 주인이 된다. '마치 가장 지혜로운 사람처럼' 살면 지혜로운 사람이 된다. '마치 가장 행복한 사람처럼' 살면 가장 행복한 사람이 된다. '마치 최고로 창의적인 사람처럼' 살면 창의적인 사람이 된다. '마치 유머가 풍부한 사람처럼' 살면 유머가 넘치는 사람이 된다. '마치 천국에 온 것처럼' 살면 지금 이곳이 천국이 된다.

왜 '~처럼' 사는 것이 가장 좋은 성장훈련 방법인가? 그 까닭은 시야와 전망이 달라지기 때문이다. 보는 게 달라지면 생각이 달라진다. 어떤 위치에서 보는가, 무엇에 초점을 맞추는가에 따라 전망이 달라지고, 전망이 달라지면 생각이 달라진다. 전망이 달라지면 뇌의 재구성, 마음의 재구성이 일어난다. '마치 깨우친 사람처럼' 살면 깨우치게 된다.

'~처럼' 산다는 것은 어둠 속을 묵묵히 걸어가는 것과 같다. 짙은 어둠 속을 묵묵히 걸어가는 사람에게는 니체의 말처럼 '자기만의 아침'이 온다. 그 아침이 당신이 기다리고 견디어온 아침이다.

PART 2

운명과의 싸움에 필요한 기술, 철학 아니면 유머

살아남은 자의 단 한 가지 의무는

이 세상을 더 나은 방향으로 바꾸는 데

어떻게 기여할 것인가를 질문하는 일이다.

운명을 결정하는 것은 무엇인가?

자기 안에 내재화된 타인의 시선이 운명이다

사람의 인생을 결정하는 것은 자기 안으로 들어온 타인의 시선이다.

"쓸모없는 인간"

"보잘것없는 사람"

"비위에 맞지 않는 사람"

"사회적 지위도 없고 앞으로도 사회적 지위를 갖지 못할 사람"

"최하 중의 최하급의 인간"

"누굴 닮아서 이따위야."

"빌어먹을 놈!"

"싸가지 없는 인간아"

"나중에 뭐가 되려고 그래?"

내가 나를 어떻게 생각하는가? 나 자신에 대한 나의 생각이 나의 운명이다. 가만히 따져보라. 자기 자신에 대한 인식은 자기 생각이 아니라 타인에 의해 주입된 것들이다. 어릴 때부터 자기 안에 내재화된 타인의 시선이 이른바 운명이다. 부모, 선생, 친구들이 규정하는 '나'를 나는 무비판적으로 수용하고 있는 것이다. 나를 멸시하는 타인의 시선이 내 안에 들어오면 나는 수치심에 벗어나지 못하고 무력한 상태에 빠진다.

인간은 두 종류가 있다. 타인의 시선에 머무는 사람과 타인의 시선을 뛰어넘는 사람. 타인의 시선에 동의한다면 어떤 일이 일어날까? 타인의 시선이 자기를 비웃는다고 여기면 자기가 자기를 비웃게 된다. 수치심에 사로잡혀 무기력에 빠진다. 자기의 내면이 비어 있다고 느끼면 명품 옷과 명품 가방에 매달린다. 타인의 시선이 내면의 빈곤을 보고 있다고 생각하니까 명품 가방으로 대체하려는 것이다. 그리고 이렇게 불쌍하게 말하려는 것이다.

"나 이렇게 비싼 거 있는데…."

이와 달리 타인의 시선에 좌우되지 않고 오히려 타인의 시선을 자기 의도에 맞게 개조하려고 했던 사람도 있다. 빈센트 반 고흐는 위대한 사람이다. 운명과 맞서 싸운 사람이기 때문이다. 반 고흐의 내면에 들어온 타인의 시선은 어떤 것이었을까? 타인의 시선에 대해 반 고흐는 어떤 태도를 취했을까? 그는 이런 글을 썼다.

"다른 사람들의 눈에는 내가 어떻게 비칠까? 보잘것없는 사람, 괴벽스런 사람, 비위에 맞지 않는 사람, 사회적 지위도 없고 앞으로도 사회적 지위를 갖지 못할 사람, 최하 중의 최하급의 사람…. 그래, 좋다. 설령 그 말이 옳다 해도 언젠가는 내 작품을 통해 그런 기이한 사람, 그런 보잘것없는 사람의 마음속에 무엇이 들어 있는지 보여주겠다. 이것이 나의 야망이다."

반 고흐는 타인의 싸구려 시선에 대해 이렇게 응답했다.

"내가 표현하고 싶은 것은 감상적이고 우울한 것이 아니라 뿌리 깊은 고뇌이다. 내 그림을 본 사람들이, '이 화가는 정말 격렬하게 고뇌하고 있구나.'라고 말할 정도의 경지에 이르고 싶다."

고흐는 타인의 시선에 대해 이런 식으로 대꾸하고 있는 것이다.

"감상, 우울 따위의 얄팍한 시선으로 날 보지 마. 꺼져! 난 격렬하고 뿌리 깊은 고뇌를 보여줄 거야."

타인의 시선을 자기의 의도에 맞게 강력하게 개조하려는 것이다. 타인의 시선을 뛰어넘으려는 강력한 의지가 흉내 낼 수 없는 창조성으로 이어졌다.

고흐는 내면에 들어온 타인의 시선을 이렇게 극복했다. '자신'이 '자신을 바라보는 시선'이 자신의 운명이다. 자기가 자기를 보는 시선은 외부에서 들어온 타인의 시선이다.

나는 나 자신을 어떻게 바라보고 있는가? 타인의 시선에 동의하지도 말고, 끌려 다니지도 말라. 타인의 시선에 내 인생이 끌려 다닐 이유가 없다. 운명을 바꾸는 가장 빠른 방법은 타인의 시선을 뛰어넘는 것이다. 자신을 바라보는 방식이 바뀌면 운명도 바뀐다.

운명과 맞서 싸워 이기는 방법은 무엇인가?

…

장미가 아름답게 피어나는 방법

장미가 장미꽃을 피우기 위해서는 장미꽃을 기억하고 있어야 한다. 장미가 이런 기억을 갖고 있다면 장미꽃을 피울 수 있을까?

"이 쓸모없는 존재야!"

"어떻게 이렇게 추할 수가 있어?"

"벌과 나비조차 너를 피해 갈 거야."

"너한테서 역겨운 냄새가 나."

"차라리 태어나지 말았어야 해."

타인에 의해 주입된 기억의 시스템이 내 인생을 결정한다. 내 마음 안에서 나를 규정하는 것은 기억이다. 나를 기억하는 방식에 의해 내 인생이 규정되고 결정된다. 내 안에 나를 학대하는 존재가 있다면 어떻게 하든 내보내야 한다. 학대하는 존재를 어떻게 내 안에서 몰아내야 하는가? 동화에서 공주가 계모의 학대를 피해 숲으로 가는 과정이다. 숲은 무의식의 상징이다. 숲에서 할머니 혹은 마녀를 만난다. 마녀는 내면에서 성장하는 오래된 지혜를 상징한다. 이런 과정을 거쳐 왕자를 만나 잘 살게 된다. 왕자는 새로운 자기 자신이다. 왕자는 나를 존중하는 나 자신이다.

왕자가 내 마음 안으로 들어오게 해야 한다. 그 과정은 이렇다. 첫 번째는 자기 내면의 숲(무의식)으로 들어가야 하고, 두 번째는 내면에서 마녀(지혜)를 만나 비법을 들어야 하고, 마지막으로 나를 진정으로 존중하는 나(왕자)를 만나야 한다. 현실에서는 나를 향한 따뜻한 관심과 위로를 보내는 것이다. 그것이 반복되면 하나의 실체가 된다. 왕자는 이렇게 말한다. "당신은 아름답고 좋은 사람이야!" 나를 바라보는 나의 관점이 바뀌는 순간 운명이 바뀐다. 인생에 가장 중요한 것은 자기 자신을 바라보는 관점의 변화다.

나를 존중하는 나(왕자)는 나에게 따뜻한 관심을 주고 정직한 피드백을 해준다. 왕자의 관점이 내면에 자리 잡으면 의식과 무의식은 더 이상 분열되어 있지 않고 통합된다. 나를 지켜보는 존재가 있을 때와 그런 존재가 없을 때의 삶은 결정적으로 차이가 난다. 일을 해도 결과물이 달라진다. 누군가의 관심을 받는 순간 나는 그 사람의 눈으로 나의 일을 다시 보게 된다. 나를 지켜보는 따뜻한 관심과 정직한 피드백이 일의 완성도를 좌우한다. 나를 지켜보는 사람이 뒤틀려 있으면 나도 뒤틀리게 된다. 나를 지켜보는 사람이 미쳐 있으면 나도 미치게 된다. 나를 지켜보는 사람이 악이라면 나도 악이 될 수밖에 없다. 악마와 싸우다 악마가 되는 이유는 바로 이 때문이다.

내면화된 억압자의 시선이 나의 사고를 억압한다. 따뜻한 마음의 눈으로 자기 자신을 보면 놀라운 변화가 일어난다. 관심은 강력한 힘이다. 관심은 에너지다. 관심의 힘을 믿는 사람들이 세상을 변화시킬 수 있다. 운명과 싸우는 방식은 조직에서도 그대로 반복된다. 첫 번째는 서로의 숲(무의식)으로 들어가야 하고, 두 번째는 토론과 질문을 통해 공동의 목적(지혜)을 찾아내야 하고, 마지막으로 서로를 진정으로 존중하는 이해관계자(왕자)를 만나야 한다. 우리는 서로를 계속 지켜보는 것만으로도 점점 더 잘할 수 있게 된다. 당신의 시선이 나의 잠재력을 일깨우고 나의 관심이 당신의 천재성을 발휘하게 한다. 서로 지켜보는 것은 재능을 키우는 최고의 방법이자 운명과 맞서 싸우는 최고의 방법이다.

두려움, 불안, 고통의 강을 어떻게 건널 것인가?

...

"철학에 의지하거나 아니면 유머에 의지하거나!"

고통과 근심으로 가득한 세상에 대하여 우리는 다양한 단계적 반응을 보인다.

먼저 가장 약한 반응은 간단한 짜증이나 우울함이다. 그 아랫단계의 분노, 혹은 그 아랫단계의 공포, 혹은 그 아랫단계의 절망, 혹은 그 아랫단계의 수치심에 빠지지 않는 단 두 가지의 선택이 있다. 찰리 채플린은 '두 가지 선택'을 이렇게 간결하게 표현했다.

"철학에 의지하거나 아니면 유머에 의지하거나!"

이 두 가지 선택은 하나의 공통점이 있다. 그것은 상식적인 사고에 반전을 준다는 것이다. 반전이란 어려운 상황을 확 뒤집어 재미있게 만들거나 감동적으로 변화시키는 일이다. 어려운 처지에 있는가? 그렇다면 최고의 반전 포인트에 서 있는 것이다. 그 상황을 비틀어 보시라. 고통스럽고 힘든 상황은 비틀어야 한다. 어떻게 비틀까? 관점을 바꾸거나 거리를 조정하는 것이다. 타인의 눈으로 보거나, 멀리서 보거나, 과장해 보거나…. 이런 것들이 비틀어 보는 것이다.

비트는 능력은 철학 아니면 유머에서 나온다. 철학으로 비추거나 유머로 비트는 순간 고통스러운 상황의 에너지까지 다 흡수하여 자신의 에너지로 재창조된다. 물이 증기로 전환되면서 에너지로 바뀌듯이, 무엇인가 다른 것으로 전환될 때 그 순간에 에너지가 생성된다. 다이내믹한 반전의 감동이 생긴다. 고통을 즐거움으로 만드는 싸움의 기술은 이것이다.

"철학에 의지하거나 유머에 의지하거나!"

죽을 것만 같은 어둠의 터널을 통과하고 있다면?

터널은 다른 차원으로 이동하는 최단거리 코스

인생에서 죽을 것만 같은 어둠의 터널을 통과하는 것은 절대 나쁜 일이 아니다. 숨 쉬는 것조차 고통스러운 절망의 터널, 그런 고통스러운 시간을 하늘이 당신에게 주었다면 그것은 … 진실로 행운이다. 그 터널은 사실, 한 세계에서 다른 세계로 이동하는 최단거리 코스이기 때문이다.

끝 모를 두려움과 무시무시한 고독의 순간이 영원히 끝날 것 같지 않지만 그렇지 않다. 터널은 아예 차원이 다른 세상으로 당신을 인도하게 될 것이다. 지금 당신이 인생의 어두운 터널을 지난다고 느끼고 있다면 그것은 절대 나쁜 것이 아니라는 것을 확신해야 한다.

왜 나에게 이런 시련이 왔는지는 아마도 시간이 지나면 알게 될 것이다. 나에게 가장 필요한 시간을 하늘이 제공해주었다는 것을 말이다. 어둡고 두렵고 숨 막힐 듯한 고독의 시간이 왜 나에게 찾아왔을까? 그 시간은 나 스스로 절대 고칠 수 없는 모난 부분을 강제로 깎아내면서 성숙함이라는 목적지로 인도하는 가장 빠른 길이다.

그러므로 중요한 건 문제를 회피하지 않는 것이다. 도망가지 말고 정면으로 바라보라. 어설픈 위로나 싸구려 감상이나 가해자에 대한 쌍욕이나 하늘에 대한 원망은 절대 하지 마라. 시간이 흐르고 나면 아마도 당신은 이렇게 말할 것이다.

“내 인생에 가장 어둡고 긴 고통의 터널이었지만 내 인생에 가장 위대한 시간이었다.”라고.

불행은 무엇이고,
행복은 무엇인가?

불행은 행복에 대한 부풀려진 기대, 행복은 불행을 견디는 것

불행은 어쩌다 재수 없을 때 찾아오는 것이 아니라 매 순간 찾아오고, 불운은 가끔씩 만나는 것이 아니라 삶의 기본 조건이다. 불행은 이처럼 실체가 있지만 행복은 실체가 없다. 행복은 불행을 참고 견딜 때 오거나 불행에 맞서 용기 있게 싸울 때 오는 것이다.

당신이 본 것은 단지 한 장의 스냅사진일 뿐, 모든 것은 이어지고 흘러가는 동영상이다. 세상에 존재하는 모든 것들은 매 순간 쉼 없이 무너져 내리면서 새로 구성되지만 우리의 생각은 마치 사진을 찍듯이 어느 순간을 고정시켜 인식한다. 그리고 그 한 장의 사진이 불변의 진리로 입력된다. 마치 6·25전쟁을 경험한 세대가 세상을 전쟁의

공포와 흑백논리로 보는 것처럼 말이다. 그분들은 언제나 이렇게 말한다.

"나는 진실을 보았고 명확한 증거를 가지고 있으며 그것은 나의 기억창고에 보관되어 있다."

세상은 끊임없이 무너져 내리면서 변화하는 게 현실이지만 의식은 그것을 붙잡아 고정시켜 인식하고자 하는 언어로 존재한다. 실재하는 것과 의식하는 것은 일치하지 않는다. 그 둘의 불일치를 받아들이는 태도가 운명을 결정한다. 모든 불운과 불행은 이처럼 현실과 생각의 불일치, 실제와 언어의 불일치에서 나온다.

인생은 사건의 연속이며 우리가 불행이나 행복이라고 느끼는 사건은 단지 우리의 의식이 그렇게 느끼는 하나의 점에 불과하다. 행복은 알고 보면 불행에서 나오는 것이다. 행복과 불행은 분리되는 것이 아니다. 불행이라고 느끼는 사건은 하나의 점에 불과하고 그 점은 어떤 선으로 연결될지 모른다. 그것의 본질은 불확실하고 불안정하고 불확정적이다. 규정할 수 없는 사건의 점 앞에서 우리는 인내할 시간인지 용기를 낼 시간인지를 판단해야 한다. 그리고 조용하지만 단호하게 속삭여야 한다.

"이것은 하나의 점일 뿐이니 참고 견디라. 아니면 용감하게 맞서라."

행복과 불행은 분리되어 있지 않다. 행복은 알고 보면 불행을 견디는 것이고, 불행은 알고 보면 행복에 대한 부풀려진 기대와 환상 때문에 오는 것이다. 우리는 겸손하게 이렇게 말해야 한다.

"내가 보고 내가 겪는 이 쓰라린 사건은 단지 한 장의 사진일 뿐 그 다음의 장면을 나는 아직 보지 못하였고, 이 사건의 점이 어떤 선으로 연결될지 아직 나는 모른다."

가장 우아하고 매력적인 태도는 무엇인가?

...

유머와 자연스러움이 가장 우아하고 매력적이다

가장 아름다운 관계는 자연스러운 관계다. '자연스러움'에는 위대한 힘이 있다. 어려운 관계보다 농담하는 관계가 훨씬 좋다. 이해관계자들을 대할 때 가장 자연스러운 태도로 만나고 요구해야 한다. 인간은 '저자세'를 원하지 않을뿐더러 심지어 싫어한다. 타인의 저자세를 보면서 자기 안에도 있을 그런 비굴함을 혐오하고 두려워하는 것이다. 자연스러움은 최고의 관계이다. 자연스러움은 대등함과 당당함의 표현이다. 세상에 어려운 존재는 없다. 자연스러울 때 우리는 가장 우아하고 가장 매력적으로 비친다.

결심에는 어머니 결심도 있고, 새끼 결심도 있다.

"누구를 만나든 무슨 일을 하든 즐기겠다. 기꺼이 즐겨주겠다!"

이것은 어머니 결심이다. 이 결심이 모든 것을 바꾸기 때문이다. 사무실에서 우리가 즐거운 시간을 누릴 수 없다면, 일을 하면서 즐거운 시간을 누릴 수 없다면, 사람을 만나면서 즐거운 시간을 누릴 수 없다면 그건 직업이나 직장을 잘못 선택한 것이다. 일에서 행복하지 않으면 어디 가서 행복할 수 있을까?

일을 하면서 마냥 행복하고 즐거울 수는 없다. 아프고 괴로운 일이 없을 수가 없다. 이때 심각함에 초점을 맞추지 말고 유머에 초점을 맞추면 무거운 짐이 가벼워진다. 그대는 가장 눈물 나는 순간에도 농담을 걸 수 있는가?

심각한 것은 좋지 않다. 마음이 개방된 사람은 심각하지 않다. 자신에 대해서나 상황에 대해서 너무 심각하게 생각하면 경직되기 때문이다. 경직되면 창의적인 아이디어도 능력도 발휘되지 않는다. 유머는 경계의 벽을 허물고 에너지의 소모를 최소화한다. 협력적인 팀은 웃음의 능력을 믿는다.

농담은 다 좋은가?

농담하다 원수 된다. 위험한 유머를 피하는 법

참사는 사소한 농담에서 시작된다. 농담하다 원수 되는 경우도 많다. 농담에는 위험한 농담이 있고 안전한 농담이 있다. 위험한 농담은 스스로 금지하는 것이 좋다. 수많은 아재들이 기피대상이 되는 이유는 나쁜 농담을 아무 생각 없이 하기 때문이다. 나쁜 농담이란 상처 주는 농담, 타인의 약점을 소재로 하는 농담, 인종차별이나 성차별 같은 차별적인 농담을 말한다. 상처를 주거나 차별적인 농담은 자기 스스로 금지해야 한다.

에너지 낭비가 없는 조직의 특징은 나쁜 농담이 없는 대신에 좋은 농담이 넘친다는 것이다. 나쁜 농담 대신에 자신의 약점과 실수를 유머의 소재로 거리낌 없이 사용할 만큼 자존감이 강하다. 특히 자신의 약점을 유머의 소재로 삼는 것은 같이 일하는 사람들에게 자기방어와 자기변호에 에너지를 사용할 필요가 없다는 강력한 신호를 주는 것이다.

자신의 약점을 유머의 소재로 삼는 사람들의 특징은 자아에 집착하지 않고, 자아가 예민하지 않기 때문에 자신을 방어해야 할 필요가 없고, 자신의 주장을 변호할 필요가 없다는 것이다. 자신의 실수나 약점을 유머의 소재로 사용하면 주위 사람들이 편안하고 자유롭게 이완된다. 함께 일하는 사람들이 가진 능력의 전부를 공동의 목적으로 집중시키는 힘은 편안함과 자유로움에서 나온다.

유머는 자기를 '타자화'하는 능력이다. 자기객관화의 능력이다. 다른 사람을 대하듯이 자기를 대하기 위해서는 자기 자신과 거리를 두어야 한다. 그 사람의 창조적 능력, 건강한 정신은 그 거리에서 나온다. 자신과 타인의 수치심을 풀어주는 가장 멋진 방법이 자기 자신과 거리를 두는 것이다. 유능함에 날개를 달아주는 것은 농담이다. 자기 자신을 기꺼이 농담의 제물로 바치는 것이 능력이다. 장애물을 제거하는 최고의 무기는 유머다. 재능 위에 유머 있다.

운명에 속지 않기 위해서 무엇이 필요한가?

…

자극(가짜 정보)과 반응 사이에 거리를 창조하기

지하철이 소란하다.

경로석에 앉아 있는 50대 아저씨를 70대 할아버지가 '싸가지 없는 인간'으로 몰아 기어코 50대 아저씨가 일어났다.

"연세가 많아 보이시는데 저도 총알 맞은 다리라서 미안합니다."

우째 이런 일이! 50대 아저씨가 일어나 심하게 절뚝이며 옆으로 옮기자 거기 있던 좀 더 나이 드신 분이 벌떡 일어나 자리를 권한다.

우리는 살면서 얼마나 많은 '잘못된 판단'을 하는가? 헤아릴 수도 없다. 진실은 눈에 보이지 않고 미래는 보이지 않기 때문이다. 그렇다고 우리가 보이지 않는 진실을 살펴보려고 특별한 노력을 하는가? 그렇게 하지도 않는다. 자극에 바로 반응하지 않아야 하는 이유는

'보이는 것'이 진실의 전부가 아니기 때문이다. 70대가 인식한 팩트는 '싸가지 없이 경로석에 앉은 50대 나쁜 놈'이었고, 50대의 실체적 진실은 '상이군인 장애인'이었던 것이다.

우리가 살면서 부딪히는 것 중에서 아는 것은 1퍼센트도 안 되고 모르는 것이 99퍼센트가 넘는다. 우리는 1퍼센트도 안 되는 '아는 것'을 토대로 99퍼센트의 '모르는 것'을 추측한다. 놀라운 것은 99퍼센트의 추측을 명백한 진실이라 우기고 확실한 팩트라고 확신하는 것이다. 바로 그 70대 영감처럼 말이다.

인간은 살면서 90퍼센트의 객관적 사실을 토대로 10퍼센트의 판단을 내린다고 착각한다. 그러나 삶에서 객관적인 사실은 10퍼센트에 불과하고 나머지 90퍼센트는 그 일에 대한 자신의 반응이다. 자극과 반응 사이에는 거리가 있다. 즉각반응, 빠른 반응, 느린 반응, 아주 느린 반응, 무반응의 거리가 있다. 그 거리를 지배하는 자가 운명의 지배자다. 운명은 자극과 반응 사이에 존재하는 거리에 의해 결정된다. 자극에 대한 반응을 보류하는 것, 판단을 미루는 것, 함부로 규정하지 않는 것이 자극과 반응 사이의 거리다.

확실하지 않거나 잘 모를 때는 반드시 질문해야 한다. 좀 더 지켜보거나 합리적으로 의심하는 것이 자극과 반응 사이에 거리를 창조하는 소소한 방법이다. 자신의 몸에서 일어나는 감정적 반응에 객관적 거리를 두면 나는 내 운명의 지배자가 될 수 있다.

왜 겸손해야 하는가?

…

질투유발죄, 운명의 몽둥이에 뒤통수를 맞지 않기 위하여

아무런 이유 없이 혹은 아무런 의도 없이도 나는 다른 사람의 고통을 불러올 수 있다. 단지 잘났다는 이유만으로 타인을 힘들게 하니 질투유발죄는 가벼운 죄라 할 수 없다. 세상에 미움과 질투를 만든 죄가 어떻게 가벼울 수가 있으랴. 내가 이유 없이 미움을 당하고 있다면 다른 사람의 질투심을 유발한 죄인이어서니 깊이 반성하라.

질투심이란 질투하는 본인조차 어찌할 수 없는 파괴적인 감정이니 질투유발자의 책임이 없다 할 수 없다. 당신의 꼴값이 재앙을 부를 수 있다. 왜 겸손해야 하는가? 운명의 몽둥이에 뒤통수를 맞지 않기 위해서다.

인류가 진화해야 할 마지막 영역은 질투심을 조절하는 능력이다. 타인의 시선에 내 삶이 좌우되는 것, 질투하고 증오하는 것은 '소모적' 인생이다. '누리는' 인생은 협력과 연대, 공감과 연민의 감정이 만든다.

인간이 지닌 두 가지 정체성은?

땅의 정체성과 태양의 정체성

요한나는 네 살짜리 여자아이다. 요한나에게 물었다.

"요한나, 하느님이 어디에 있는지 알아?"

"응, 알아."

"진짜? 하느님이 어디에 있는데?"

요한나는 자기 몸을 가리키며 이렇게 말했다.

"응, 여기 안에 있어."

누구도 가르쳐주지 않았는데 네 살짜리 아이가 자기 안에 신이 있다는 것을 어떻게 알았을까? 네 살짜리 아이는 어떻게 자신이 신의 파편(프랙탈)임을 알았을까?

단풍잎을 전자 현미경으로 15,000배율 정도로 확대를 하게 되면 해당 단풍잎과 같은 모습의 형태가 나타나게 된다. 눈(Snow)의 결정 모양을 확대하게 되면 모두 같은 결정구조로 이루어져 있다. 프랙탈(fractal) 현상이란 작은 구조가 전체구조와 비슷한 형태로 끝없이 되풀이되는 구조를 말한다. 프랙탈 현상이란 물체를 아무리 크게 하거나 세분한다 하더라도 본래 물체가 가지고 있던 모습이 계속 유지되는 것이다.

아주 단순한 원리의 무한반복이 중요하다. 그게 나를 이룬다. 나를 구성하는 아주 단순한 원리, 내가 무한반복하는 아주 단순한 원리는 무엇일까? 그게 나의 정체성이고 본질이다. 무한반복되는 아주 단순한 원리, 즉 프랙탈(fractal)이 정체성을 결정한다.

마르쿠스 아우렐리우스는 "인간에게 두 가지 정체성이 있는데 하나는 땅의 정체성이고 다른 하나는 태양의 정체성"이라고 한다. 나는 그가 한 말을 이렇게 해석한다.

태양의 입자(빛)가 달려와 땅의 유기물과 결합하면 생명이 된다. 빛과 땅이 결합하여 만들어진 단세포는 자신을 분열시키고 분리하는 데 성공한다. 분리된 세포는 다시 결합과 분리의 무한반복을 통해 더 높은 차원으로 진화했다. 땅은 토대가 되는 정체성이다. 땅은 포용하는 성격을 갖는다. 동시에 자신을 지키려는 성질을 갖고 있다. 자신의 인격과 존엄을 지키고, 자신의 영역을 지키고, 자신의 양심과 사생활을 지키려는 성질을 갖는다. 반대로 빛은 움직이는 성질을 갖는다. 빛은 나아가려는 정체성을 갖고 있다. 도전하고, 시도하고, 성취하려는 욕망을 갖는다. 나를 움직이는 에너지는 빛의 에너지가 내 안에서 작동하는 것이다. 내가 음식을 먹는다는 건 빛을 먹는 것이고 빛의 에너지를 섭취하는 것이다. 빛은 진격의 빛이다. 흙은 포용의 흙이다. 진격의 빛과 포용의 흙이라는 초기 프랙탈이 결합과 분열을 무한반복하면서 거대한 생명의 생태계를 이루는 것이다. 그러므로 나는 본질적으로 흙의 파편이면서 빛의 파편이기도 하다.

세부구조가 전체구조를 끊임없이 반복하는 것이 프랙탈의 패턴이다. 인간의 정체성도 프랙탈 구조로 설명할 수 있다. 한 사람의 인격을 결정하는 가장 단순한 프랙탈은 '타자他者를 어떻게 보는가'에 달려 있다. 타자를 경쟁자로 보는가, 아니면 동반자로 보는가에 의해 그 사람의 인격이 결정된다. 사회의 정체성도 타자에 대한 관점이 결정한다. 타자를 경쟁자로 적대시하는가, 아니면 타자와 동반자로 협력하는가? 그것이 그 사회의 정체성을 만든다.

또 다른 결정적 프랙탈이 있다. 다른 사람은 모르는데 나는 안다고 생각하는 '계몽의 프랙탈'을 가지고 있는가, 아니면 나도 모르고 너도 모르니 공동으로 질문하고 대답을 찾아가는 '대화의 프랙탈'을 가지고 있는가에 의해 그 사람의 정체성이 결정된다. 책 몇 줄 더 읽었다고 타자를 가르치려 하느냐, 아니면 타자를 대화의 파트너로 동등하게 인정하느냐에 따라 그 인간의 정체성이 결정된다. 나와 너는 동등하다는 프랙탈이 생기면 근본적으로 다른 차원의 정체성이 만들어진다. 일상 속에서 타자를 나와 동등하게 존중하는 능력, 타자를 나와 동등한 인간이라고 인식하는 능력이 가장 중요하다.

잘못된 프랙탈이 반복되는 것은 지독히 위험하다. 잘못된 프랙탈은 잘못된 정체성을 만든다. 잘못된 프랙탈 구조는 잘못된 철학과 원칙으로 완성된다. 이런 사람이 만 가지를 이야기해도 그것은 모두 헛소리에 지나지 않는다. 자기 말이 맞다고, 자기주장이 옳다고 하는 프랙탈이 작동하면 더 이상의 확장성이 없다. 폐쇄적인 프랙탈이다.

이 아주 작은 프랙탈의 차이가 근본적인 차이를 만든다.

책임을 전가하면 왜 깨달음의 기회도 전가되는가?

…

고통에서 도망치면 행복도 도망간다

자신을 정당화하기 위해 사용하는 가장 흔한 수법은 타인이 부당하다고 주장하는 것이다. 모든 고통을 타인의 잘못으로 전가하면 잠시 위로가 될지 모른다. 그러나 책임을 전가하면 깨달음의 기회도 전가된다. 책임과 권한, 책임과 기회는 한 몸이기 때문이다. 책임을 받으면 권한과 기회도 함께 받는다. 그래서 책임을 전가하면 성공의 기회도 전가된다. 책임을 전가하면 깨달음의 기회도 전가된다.

살다 보면 반드시 재앙이나 불행이 찾아오는데 그것들이 나쁜 것만은 아니다. 그것은 재앙의 이름으로 찾아오는 기회이다. 기회는 대부분 불행의 모습으로 찾아온다는 것을 사전에 인지하고 있어야 한다. 이때 재앙으로부터 도망치거나 불행을 원망하면 그 위대한 기회는 안개처럼 흩어지고 만다.

불행이나 재앙은 알 수 없는 어떤 힘이 그 사람의 균형을 잡기 위해 뒤흔드는 기회다. 물론 흔들리는 과정에서 지독한 고통이 따른다. 그러나 고통은 인간에게 찾아오는 최고의 기회라는 것을 믿어야 한다. 고통은 선물이다. 재앙으로부터 도망치는 것은 행복으로부터 도망치는 것이다. 책임을 전가하면 깨달음의 기회도 전가된다.

과거가 아닌 미래에 대해 감사할 줄 아는가?

...

감사할 줄 아는 것이 능력이다

가장 행복한 인생을 살고 싶다면 가장 좋은 방법을 하나 추천한다. 감사하는 것이다. 감사는 미래를 풍요롭게 한다. 특히 감사는 지나간 과거에 대해서만 하는 일이라고 생각하지만 진짜 유능한 사람이 되고 싶으면 미래에 대해 감사할 줄 알면 된다. 유능한 조직은 미래에 대해 감사할 줄 안다. 우리를 도와줄 것이라고 믿고 먼저 감사해하면 안 해주고는 못 배긴다.

예를 들어 우리 회사로 상품을 문의하는 고객의 경우, 그분이 우리 물건을 수없이 알려줄 빅 마우스요, 죽을 때까지 구매해줄 단골고객이라고 미리 생각하고 감사하는 마음으로 전화를 받으면 실제로 그렇게 된다. 누군가를 만날 때 그의 재능이 우리 조직에 기여할 것이라고 믿고 감사해하면 그 사람은 재능을 발휘하지 않고는 못 배긴다. 그 사람이 재능을 발휘함으로써 조직은 발전해서 좋고, 그 사람은 재능을 개발해서 좋은 것이다.

감사는 미래를 위한 것, 그리고 감사는 서로를 위한 것이다.

무엇을 함께 하고,
무엇을 혼자 해야 하는가?

...

혼자 하더라도 함께 일하고, 함께 하더라도 혼자 일해야 한다

일은 혼자 하더라도 함께 해야 하고, 함께 하더라도 혼자 해야 하는 것이다. 일을 '혼자 한다는 것'은 그 일을 책임지는 주체가 자기 자신이라는 자각을 분명히 한다는 뜻이다. 일을 '함께 한다는 것'은 의견을 구하고, 토론을 하고, 피드백을 받고, 공동의 지혜를 모아낸다는 뜻이다.

스마트한 조직에서 일하는 방식은 혼자 하더라도 함께 하고, 함께 하더라도 혼자 하는 것이다. '함께' 일하지 않고 '혼자' 일하는 조직은 지혜를 모아내지 못하는 모래알 조직으로 전락한다. '혼자'가 없이 '함께' 일하는 조직은 말만 많고 아무도 책임지지 않는 조직으로 전락한다. 이른바 무책임한 조직이다.

무엇을 함께 하고 무엇을 혼자 해야 하는가? 질문, 토론, 결정, 피드백은 함께 하는 것이고, 질문(자기에게 하는 질문), 리서치(전문가에게 하는 질문), 사유(자기와의 대화), 결정(그래, 이걸로 가겠어! 자기가 내리는 결정)은 혼자 하는 것이다.

프로젝트를 맡았을 때 계획은 이 질문부터 시작하자.

"무엇을 함께 하고, 무엇을 혼자 해야 하는가?"

"언제 함께 하고, 언제 혼자 해야 하는가?"

모든 차이는 여기에서 시작된다. 모든 탁월함은 '혼자'와 '함께'의 균형에서 나온다. 일은 혼자 하더라도 함께 해야 하고, 함께 하더라도 혼자 해야 하는 것이다. 인생도 그렇다.

행복하고 싶다면?

…

커피 한 잔의 여유

행복하고 싶으면 먼저 행복한 시간을 만들어야 한다. 행복한 시간을 배치해야 행복한 인생이 되기 때문이다.

사무실에 출근해서 아침에 커피 혹은 차 한 잔을 하는 시간은 무엇보다 중요하다. 먼저 무엇을 하고 그 다음에 무엇을 할 것인가에 대해 생각하는 시간이기 때문이다. 인생의 하루는 커피 한 잔의 여유가 결정한다.

나는 매일 하루를 마치기 전에 내일 해야 할 7가지 일을 적어놓는다. 어제 적어놓은 7가지 일에는 순서가 정해져 있다. 그 일 7가지를 읽어본다. 바로 일하지 않고 오늘 하루를 어떻게 재미있게 보낼지,

혹시 피드백을 놓쳐서 타인을 기다리게 하고 있는 건 없는지, 무엇을 먼저 할지, 함께 논의할 문제는 없는지, 누구에게 무얼 부탁할지, 오늘은 누구에게 감사전화를 해야 하는지, 어떤 사건 사고를 쳐볼지 질문해보는 것이다.

인생을 결정하는 것은 오늘 하루 할 일의 우선순위를 질문하는 바로 그 시간이다. 인생의 주인이 되는 가장 좋은 방법은 선택지를 만들고 선택하는 시간을 매일 반복하는 것이다.

선택하는 시간 속에서 인간은 성장하고 유능해진다. 그 시간에 생각하는 힘이 생긴다. 그 시간이 있어야 인생의 주인이 된다. 커피 한 잔의 여유! 행복감이란 마음의 근육 같은 것이다. 아침마다 커피나 차를 마시며 행복을 느끼면 그 시간은 마치 마음의 근육처럼 강화된다.

주인이 되고 싶다면? 먼저 주인이 되는 시간을 만들어야 한다. 행복하고 싶다면? 먼저 행복한 시간을 만들어야 한다. 지금 행복하지 않으면 미래에도 행복하지 않다. 미래의 행복을 위해 현재의 행복을 희생시키면 그 미래의 행복은 죽을 때까지 오지 않는다.

운명을 결정하는 신호는?

…

공간을 지배하는 능력은 미소와 유쾌한 인사

1. 운명을 결정하는 신호는 사실 너무 사소한 것이다. 아침마다 하는 인사는 시시하고 평범한 일이지만 운명을 결정하는 신호다. 미소 대신 화를 내면 악운이 시작된다.

2. 내가 인사를 하지 않으면 상대는 경계심을 발동한다. 인사를 하지 않는다는 건 상대를 무시한다는 신호이고, 나아가 '나는 너의 적!'이라는 신호를 상대에게 보내는 것이다.

3. 인사를 대충 의례적으로 하면 '나는 너를 중요하게 생각하지 않음!'이라는 신호를 상대에게 보내는 것이다. 상대는 빛의 속도로 알아듣는다.

4. 인사를 크고 밝고 환하게 하면 '과거의 어떤 원한이든 날려 보냈으니 이제부터 잘 지내자!'는 신호다.

5. 인사는 모든 과거를 리셋하는 행위다. 인사는 새롭게 출발하겠다는 의지다.

6. 밝은 표정으로 크게 인사하지 못하는 사람은 기본이 안 되어 있거나 무능한 사람이다.

7. 과거를 리셋하지 못하면 과거는 반복된다. 과거를 리셋하지 못하는 사람은 과거를 반복하는 사람이거나 과거에 지배되는 사람이다.

8. 누구나 과거는 실수와 오류투성이니 과거는 멈추어야 한다. 과거를 멈추는 가장 좋은 방법은 인사다. 크고 밝게 인사하는 것만으로도 우리는 과거의 실수를 만회할 수 있다.

9. 인사를 할 줄 안다는 건 기본 중의 기본이다. 인사를 제대로 못하는 사람은 아무 짝에도 쓸모없다. 밝은 미소, 활기찬 목소리, 즐거운 유머는 순식간에 그 공간을 지배하는 능력이다. 이런 능력은 결단할 때 나온다. 내가 주도적으로 인사하겠다는 결단 말이다.

무엇이 어려운가?

…

아주 사소한 것이 어렵다

이런 게 어렵다.

1. 자신이 진정으로 무엇을 원하는지에 대해 알기가 어렵다. 그걸 알았을 때는 이미 늦었다고 생각하는 것, 늦었다는 생각이 틀린 생각이라는 걸 알기 어렵다.

2. 자신이 가진 것에 대해 감사하기가 어렵다. 물고기가 물속에 살면서도 물을 의식하지 못하는 것처럼 인간도 자기가 가지고 있는 것이 당연하다고 생각한다. 공기와 물조차 당연한 권리가 아니라 소중한 선물이다.

3. 자신이 가졌던 당연한 것들이 사라졌을 때, 그때는 고통을 인내하기가 어렵다. 연못의 물이 말라 바닥을 드러냈을 때 물고기가 고통

을 참지 못하는 것처럼. 가진 것을 빼앗겼을 때 비로소 자신이 무엇을 원하는지, 무엇을 감사해야 하는지 알게 되지만 그때는 절망을 견디기 어렵다.

4. 인간은 완전히 거덜 나서 빈털터리가 되었을 때 그때야말로 진정한 기회이자 희망의 시작이지만 그 진실을 알기가 어렵다. 몸이 아플 때 건강한 일상의 소중함을 알게 되듯이 새로운 시작은 고통의 한복판에 있을 때라는 사실을 알기 어렵다.

5. 거듭되는 패배에도 분노에 먹히지 않기가 어렵다. 패배했을 때 희망과 웃음을 잃지 않기가 어렵다. 씨익 한번 웃고 털어버리면 그만인데 그게 어렵다.

6. 알코올 중독자가 술을 참기가 어려운 것처럼, 습관적으로 분노하는 사람은 분노를 참기가 어렵고, 거짓 속에 사는 사람은 자기가 무얼 잘못했는지 알기 어렵다. 감방 안의 죄인이 자신이 무얼 잘못했는지 모르고, 악인이 선과 악을 구별하지 못하는 것처럼 말이다.

7. 무슨 일이든 어렵고 힘든 일을 거쳐야 기쁘고 좋은 일이 일어난다. 유난히 춥고 모진 겨울이 지나고 봄이 오듯이.

인생에서 성공이란
무엇인가?

...

평범하고 시시한 것들의 즐거움

평범하고 시시한 것들에서 즐거움을 느낄 수 있는가? 소소한 것들의 행복이 어쩌면 가장 위대한 즐거움이고, 가장 고귀한 성공이기도 하다. 인생의 네 가지 성공은 이런 것들이다.

1. 결과가 아닌 과정에서 에너지를 얻을 수 있으면 성공한 것이다.
2. 고통이나 난제에 닥쳐도 마음이 평안할 수 있으면 성공한 것이다.
3. 누군가 옆에 없을지라도 혼자 있는 시간을 즐길 수 있으면 성공한 것이다.
4. "사람들은 명예와 지위가 주는 즐거움은 너무 잘 알지만 이름

없는 즐거움, 평범하고 시시한 것의 즐거움은 너무 모른다."《채근담》 명예와 지위가 주는 즐거움 대신에 이름 없고 평범한 것이 주는 즐거움을 알 수 있다면 성공한 것이다.

PART 3

살아남는 조직의 비밀,
실패의 속도가 성공의 확률을 높인다

있는 그대로 보라.

자기를 객관적으로 보는 것이 자기객관화 능력이다.

현실을 그대로 보지 못하는 것을 어리석음이라고 한다.

인생에서 매일 벌어지는 실수나 실패를 어떻게 처리하는가?

...

모드전환능력

"처음부터 잘될 리가 없어. 처음부터 잘되면 그게 비정상이야. 모든 일이 그래요. 처음부터 잘될 리가 없어!"

존경하는 류무종 선생님과 이야기하는데 실수에 대한 말씀을 하신다.

자, 한번 해봤는데 잘 안 됐다. 잘 안 되면 인간의 신체는 부정적인 신호를 보낸다. 그래야 결과물이 잘 안 됐다는 것을 인지하게 되는 것이다. 기분이 나빠진다. 이때부터다. 부정적인 모드에서 긍정적인 모드로 재빨리 전환하는 능력이 있는가? 실수는 매일 일어난다. 어쩔 수 없다. 문제는 그 실수나 실패를 어떻게 처리하는가다.

산만한 사람이란 모드전환이 안 되는 사람을 말한다. 놀다가 공부를 시작하는데 노는 모드에서 공부하는 모드로 전환되지 않는 것을 산만하다고 하는 것이다. 감정조절능력이란 부정적인 감정이 생겼을 때 재빨리 긍정적인 감정으로 되돌리는 능력을 의미한다. 채용을 할 때 가장 유의 깊게 관찰해야 하는 것이 모드전환능력, 즉 감정조절능력이다. 채용을 할 때 가장 유의 깊게 관찰해야 하는 것이 있다. 실수하고 나서 보이는 태도, 실패하고 나서 보이는 태도다. 이것만 파악해내면 채용에 거의 실패하지 않는다.

불편한 감정을 원래의 감정 상태로 빨리 회복할 수 있는 감정회복능력이 있는지 없는지를 보고 채용을 하는 것이 중요하다. 모드전환능력이 부족하면 인간관계가 원만할 수 없다. 동시에 새로운 것을 학습하는 데 장애를 겪게 된다. 타고난 천재라 할지라도 감정조절이나 모드전환이 안 되면 성장할 수도 없고 행복할 수도 없다. 이런 사람들이 조직 안에서 분위기를 망치는 역할을 하면서 팀을 바닥으로 끌어내린다. 채용의 가장 중요한 지표는 모드전환능력, 감정조절능력이다.

> "자신을 벌주고 꾸짖는 일이 없을 수는 없으나 오랫동안 마음속에 두고 뉘우쳐서는 안 된다."

율곡의 말이다. 야구에서 아무리 위대한 타자도 5할 타자는 없다.

성공보다 실패가 많은 것이다. 실패는 언제나 성공보다 더 많다. 그게 정상이다. 일이란 뜻대로 되지 않게 마련이다. 처음부터 잘될 리가 없다. 율곡의 말대로 오랫동안 마음에 두지 않는 능력, 짧은 기억이 필요하다.

그리고 모드를 전환하는 '유머 감각'이 필요하다. 쑥스러운 상황을 웃음으로 털어버리는 것이다. 어색한 상황을 쑥스러운 미소로 잘 털어버리는 것도 능력이다. 샌더스가 선수를 스카우트할 때 가장 중요하게 보는 것이 '잘못된 플레이나 운이 나쁜 플레이를 했을 때 그 선수가 어떻게 반응하는지'이다.

> "난 타자가 크게 헛스윙을 하고 몸의 중심을 잃은 채 비틀거리거나 넘어질 때 그 선수가 어떻게 반응하는지 살핍니다. 팬들이 보기에는 우스꽝스럽기 짝이 없겠지만, 난 이때 선수가 얼굴에 미소를 띠는 걸 좋아합니다. 다음 타석에선 '꽝' 하고 120미터짜리 홈런이 터지죠." –《신호와 소음》 중에서

채용을 할 때는 율곡의 말대로 부정적인 기억을 오랫동안 마음에 두지 않는 능력과 모드를 전환하는 '유머 감각'을 가지고 있는지 살펴야 한다. 기존 멤버 중에 부정적인 감정이 생겼을 때 재빨리 긍정적인 감정으로 되돌리는 능력이 없다면 훈련이 필요하다. 모드전환능력, 감정조절능력은 기본 중 기본이고 태도 중의 근본적인 태도다.

살아남는 조직의 비밀은?

…

실패에 대한 항체

가장 중요한 비밀은 '실패에 대한 항체'를 만드는 것이다. 그 항체는 특이하게도 두 가지 모순이 결합하여 만들어진다. '자기 한계에 대한 겸손함'과 '자기 능력에 대한 자신감'이 결합되어 항체가 만들어진다.

실패에 대한 항체는 어떤 상황에서 만들어질까? 물이 0도에서 얼어 얼음이 되거나 100도에서 끓어 증기가 되듯이 실패항체를 만들려면 자기를 자기의 한계까지 밀어붙여야 한다. '적당히'가 아니라 절박한 궁지에 몰려야 한다. 한계까지 가보는 것이 중요하다. 거기에서 탈출하기 위해 자신이 가진 모든 자원과 모든 역량을 모조리 끌어올릴 때 항체가 생긴다. 이때 비로소 '자기 한계에 대한 겸손함'과

'자기 능력에 대한 믿음'이 생긴다.

거친 숨소리가 나도록 달려야 한다. 한계까지 가봐야 한다. 항체는 이질적인 외부 존재의 공격에 대항하면서 만들어진다. 예방주사를 맞듯이 감당할 수 있는 실패로 자신을 몰아가야 한다. 그것을 자발적 시련이라고 한다. 자발적 시련으로 겪는 고통은 '자기 한계'도 알게 하고 '자기 능력'도 알게 한다. 그리고 그 두 가지가 결합하여 실패에 대한 항체가 만들어진다.

항체를 만들기 위해서는 스스로를 궁지로 밀어 넣고, 그것으로부터 탈출하기 위하여 자신이 가진 모든 자원과 모든 역량을 모조리 끌어올려야 한다. 실패항체가 생기면 비로소 알게 된다. '삶이란 하나의 모험이거나 그렇지 않으면 아무것도 아니라는 것'을 말이다. 실패를 통해 만들어지는 항체의 본질은 '자기 한계에 대한 겸손함'과 '자기 능력에 대한 믿음'이다.

이 항체가 없는 성공을 천박한 성공이라 한다. 그런 성공은 본인에게나 타인에게 재앙이 된다. 교만한 자의 성공과 천박한 자의 권력은 세상에 말할 수 없는 해악을 끼친다.

'언제까지'는 왜 중요한가?

…

데드라인이 창의성을 끌어낸다

문제가 풀리지 않을 때

자기 자신에게 이런 말을 던지면 큰 도움이 된다.

"앉아서 생각하지 마라. 길에서 생각하라. 생각이란 행동 후에 즐기는 유희다."

창의성이란 새로운 발상과 새로운 일의 시도지만 실은 반복되는 일을 새로운 방식으로 접근하는 것이다. 글을 쓰든, 기획을 하든, 대화를 하든. 새로운 방식을 시도할 때는 실수가 필연적으로 따라온다. 그래서 가장 먼저 자기를 안심시켜야 한다. 그러므로 자기 자신에게 이런 말도 해야 한다.

"실수를 허락한다! 단, 반복되는 실수는 제외하고."

그런데 일을 할 때 강조해야 할 것은 '언제까지'다. '언제까지'란 삶과 죽음의 경계선 같은 것이다. 그 경계선에 자신을 세워야 필사적으로 무언가를 토해낼 수 있다. 그걸 창의성이라고 한다. 자신을 생사의 경계, 즉 데드라인에 세우는 걸 '계산된 위험'이라고도 한다.

"일을 할 때는 반드시 데드라인을 정하라. 언제까지 실행해야 하는가? 데드라인을 일정표에 기록하라."

생각만 하는 건 정말 복장 터지는 일이다. 안의 생각이 밖으로, 즉 행동으로 나오기 위해서는 얼마나 절박하고 간절한 상황에 서 있는가가 중요하다. 창의성은 그냥 나오지 않는다. 커피를 마시며 여유 있을 때 창의적인 아이디어가 마구 쏟아질 것 같지만 그렇지 않다. 예를 들어 우리가 글을 쓸 때 우리를 창의적으로 만드는 건 마감시한이고 독촉이다.

일도 그렇다. 일을 할 때 데드라인을 정하지 않으면 일이 되지를 않는다. 데드라인이란 '죽음의 선'이다. 삶과 죽음의 경계선이다. 사람은 죽음의 선에 서 있어야 위대한 뭔가를 토해낸다. 창조적인 뭔가가 나오려면 천길 벼랑 끝에 자신을 세워야 한다. 창의성이란 삶과 죽음의 경계에서 토해내는 그 무엇이다.

자신의 창의성을 수직 상승시키고 싶으면 자발적인 시련을 설계해야 하는데 그게 자기 일의 목록에 데드라인을 정하는 것이다. 우리는 삶과 죽음의 경계에 설 때만이 문제를 진정 단순화시킬 수 있고, 핵심을 통찰할 수 있다. 그래서 자신을 데드라인에 세워야 한다. 자신에게 이렇게 말하고 동료들과도 이런 암묵적 동의가 있어야 한다.

"실수를 허락한다! 언제까지 실행하라!"

내가 실수를 해야 남들이 보완을 해준다. 비판이든, 비난이든, 조롱이든 모두 훌륭한 피드백이다. '언제까지'가 중요하다. 삶과 죽음의 경계에 서본 사람만이 과거 현재 미래를 모두 통찰할 수 있다. 같이 일하는 사람들에게 이렇게 말해야 한다.

"앉아서 생각하지 마라. 길에서 생각하라. 생각이란 행동 후에 즐기는 유희다."

우리는 삶과 죽음의 경계에 자신을 세우고 필사적으로 실행해야 한다. 그게 최고의 전략이다. 그러고 나서 편안한 휴식을 즐겨야 한다. 데드라인과 실행이 없는 휴식은 나태요, 권태이다.

'나는 이 실패로 무엇을 얻었는가?'

...

유능함이란 실패를 견디는 능력

함께 일하는 팀원들을 유능하게 성장시키기 위해서 가장 중요한 것은 무엇인가? 그리고 아이들을 훌륭하게 키우기 위해서는 무엇을 중요하게 가르쳐야 할까?

가장 중요한 것 중 하나가 실패를 견뎌내는 능력이다. 실패했을 때 대처하는 능력이야말로 삶을 결정하는 능력이다. 왜냐하면 인생에서 실패는 피할 수 없기 때문이다. 실패는 고통스러운 일이다. 어떻게 하면 실패를 견딜 수 있는 힘을 길러줄 수 있을까? 두 가지다.

실패했을 때 따뜻한 위로와 격려를 보내는 것이 첫 번째다.

두 번째가 진짜 중요한 것인데 질문을 하는 것이다. 어떤 질문이 필요할까?

'나는 이 실패로 무엇을 얻었는가?'

이렇게 질문하는 것이다. 이 질문을 하면 뭐가 달라지는 걸까?

엄청나게 달라진다. 그 질문을 받을 때 비로소 자신이 실패로 입은 손실보다 실패로 얻은 이득이 더 크다는 사실을 깨닫게 되는 것이다.

왜 우리는 질문을 받아야 깨닫게 되는 것일까? 우리가 질문을 받아야 비로소 알게 되는 까닭은 실패로 입은 손실은 눈에 보이지만 실패로 얻는 지혜는 눈에 보이지 않기 때문이다. 질문은 균형 잡힌 눈으로 눈에 보이는 것과 눈에 보이지 않는 것을 함께 볼 수 있도록 해준다. 가치 있는 것은 눈에 보이지 않는다. 보이지 않는 것을 보게 해주는 것이 질문이다.

결국 실패를 견디는 힘은 단지 고통에 대한 맷집이 아니라 손익에 대한 대차대조표를 따지는 능력이다. 그러나 실패를 피할 수 없는 것처럼 실패로 인한 고통도 피할 수 없다. 고통의 잔은 피한다고 피해지는 것이 아니다.

인간은 자기의 뜻이 좌절당해야 비로소 하늘의 뜻을 헤아릴 줄 알게 된다. 고통의 잔을 들어라. 그제야 비로소 하늘의 뜻이 그대를 통해 이루어진다.

기풍이
왜 중요한가?

...

기풍이 사람을 키우기 때문이다

기풍氣風이 중요하다.

기풍이 사람을 키우기 때문이다. 기풍이란 어떤 집단이나 조직에 있는 사람들의 공통적인 기질이다. 서로 성장을 돕는 기풍, 서로 질문하는 기풍, 목표를 위해 인내하는 기풍, 서로 토론하는 기풍, 시도하고 도전하는 기풍, 이런 기풍이 중요하다.

기풍이 저렴한 조직은 무엇보다 나쁜 상황에 대처하는 모습에서 잘 드러난다. 자기들이 직면한 현실을 부정하거나 화를 낸다. 싸구려 기풍을 가진 조직은 좋은 게 좋은 거라고 합의한다. 기풍이 후진 조직은 고통을 분담하지 않는다. 고통이 자기 삶의 일부라는 사실을 인정하지 않는다. 그리고 책임감이 없다.

삶에서 일어나는 사건은 좋기도 하고 나쁘기도 하다. 좋은 걸 씨줄로 하고 나쁜 걸 날줄로 해서 짜이는 것이 삶이다. 삶은 그 자체로 고통이라는 씨줄과 행복이라는 날줄로 구성되는 것이기 때문에 고통을 피할 수는 없다. 고통을 부정하면 삶도 부정하는 것이다. 고통을 피하면 기쁨도 피해간다.

매력적인 기풍을 가진 조직은 좋은 게 좋은 것이 아니라는 사실을 안다. 나쁜 게 나쁜 것이 아니라는 걸 알기 때문에 나쁜 상황에서 인내할 줄 안다. 힘들 때 필요한 것이 유머라는 것을 알고 농담으로 고통을 털어버릴 줄 안다. 우리는 실패와 고통을 통해 더 많은 의미를 찾아낼 수 있다. 우리는 나쁜 상황에서 더 많이 배운다.

열린 사회와 열린 조직이란?

…

열린 사회란 실패에 열린 사회, 열린 조직은 실패에 열린 조직

한 조직이나 한 사회의 운명을 결정하는 시스템은 개방적인 구조다. 개방적 사회 시스템을 증명하는 가장 좋은 지표는 실패를 대하는 태도다.

개방적인 사회는 실패를 중요한 사회적 자산으로 대우한다.

폐쇄적인 사회는 실패를 공격과 비난의 대상으로 간주한다.

도전과 실패에 열려 있는 시스템이야말로 최고의 시스템이다.

사실 정답이 어디 있나? 어떤 제안이나 주장이든 그 자체로 정답은 없다. 그 방안에 모두가 힘을 모아 실행하면 그게 정답이지. 서로 존중하고 농담하면서 가는 게 최선이다.

최고의 시스템은 개인이 가진 최대한의 능력을 끌어내는 열린 구

조다. 최고의 사회는 도전과 실패를 장려하는 사회다. 그래야 혁신이 일어난다.

진짜 리더십을 행사하고 싶다면 '내 말이 맞다'고 하면 안 된다.

'내가 이렇게 똑똑하다'고 하면 안 된다.

'내가 이렇게 유능하다'고 하면 안 된다.

심지어 '나는 맞고 너는 틀렸다'는 식으로 말하는 건 더더욱 안 된다.

중요한 건 아젠다와 아젠다를 제시하는 방식이다.

사람들의 지혜와 능력을 모으는 것은 올바른 질문과 열린 토론이다. "내 말이 옳고 다른 사람은 틀렸다."고 주장하는 사람은 팀을 파괴한다. 어제의 '진실'조차 오늘의 '진실'이 아닌 마당에 자기주장이 항상 옳다고 하는 건 큰 병이다.

자기 말만 맞다고 주장하는 태도는 '전부 아니면 무(all or nothing)'의 문화에서 작동된다.

미래는 불확실하고 알 수 없다.

미래를 안다면 그게 이상한 것이다.

자기가 길을 알고 있다고 우기는 사람들은 거의 거짓말쟁이거나 사기꾼이다. 이런 사람들은 자기 말이 맞다고 우기면서 다른 사람을 굴복시키려 한다.

불확실하고 알 수 없는 미래를 탐색하는 방법은 질문하고, 토론하고, 도전하고, 실패하는 것이다.

어떻게 보상할 것인가?

...

실패를 보상하면 조직은 성공한다

스타트업이든 사회적경제든

보상은 조직의 영원한 숙제다. 성공에 대해서만 보상하면 조직은 실패한다. 실패에 대해서도 보상해야 조직이 성공한다. '실패를 말하지 않는 것은 성공을 뽐내는 것보다 더 위험한 일'이다. 실패를 공개하는 것, 더 정확하게 말해서 실패에서 배운 것을 공개하는 것은 실패에 대한 최고의 보상 시스템이다. 회의시간에 이런 실패사례를 이야기하는 문화는 말로 표현할 수 없을 만큼 유익함을 가져다준다. 회의 보고의 마지막 항목에 실패한 이야기를 넣어보라. 그리고 이야기의 마지막에 항상 이런 문장이 들어가야 한다.

"이 실패를 반복하지 않기 위해서는 이렇게 해야겠다."

놀라운 변화가 생긴다.

우리에게 진정한 만족을 주는 것은 외적 보상이 아니라 성취 그 자체에 대한 기쁨이다. 도전하고 성취하고 성장하는 데서 느끼는 즐거움이다. 가장 탁월한 보상은 인정과 존경이다. 회의보고서 1번은 무조건 자신이 가장 성공한 것, 가장 성과가 높았던 일을 보고하고 큰 축하를 받아야 한다. 성공만 보상하면 안 된다. 실패에 대한 보상도 있어야 한다. 실패에 대한 보상은 어떻게 하는가? 회의보고서의 마지막에 실패한 이야기를 공개하는 것이다.

타인의 관심과 인정에 목매지 않는 사람은 어떤 사람일까? 그런 사람들은 진짜 자기 자신의 주인이다. 자기가 자기 자신을 인정하고 존중하기 때문에 타인의 인정에 목숨 걸지 않는다.

진정한 팀은 외적 보상에 의존하지 않는다. 타인의 평가는 피드백으로 참고할 뿐 그것에 목매거나, 상처받거나, 기대지 않는다. 그러한 것은 불안과 열등감을 낳을 뿐이다. 우리에게 진정한 만족을 주는 것은 성취 그 자체에 대한 기쁨이다.

인격이
왜 능력인가?

...

인격적 능력은 지적 능력보다 상위에 있는 능력

인격적 능력이란 자신의 실수와 타인의 실패에 대한 관대함이다. 인격적 능력이란 삶의 복잡다단한 문제가 닥쳐올 때 느긋하고 여유 있게 그 어려운 문제를 대하는 삶의 태도다. 문제가 닥쳤는데 왜 여유가 있을까? 설령 실패를 한다고 할지라도 그것이 실패로 끝나지 않고 더 큰 성공으로 이어진다는 것을 알기 때문이다. 그래서 어려움이 닥쳐도 마음의 여유와 평화를 잃지 않는다. 심지어 어려움이 주는 긴장감을 즐기며 살아있다는 행복감을 느끼기까지 한다.

인격은 능력이다. 인격적 능력은 지적 능력보다 상위에 있는 능력이다. 예를 들어 자기의 의견을 내세우지 않고 타인의 의견을 받아들이거나 새로운 의견으로 수정, 발전시키는 것은 지적 능력의 차원이 아니라 인격적 능력이다. 일반적으로 명성을 얻거나 권력을 쥐면 거기에 비례하여 자기주장과 고집도 세지게 마련이다. 지적 능력이 높을수록 자기가 다른 사람들보다 더 많이 알고, 그래서 자기가 옳다는 생각에 빠지기 쉽다.

교육의 목적은 인격적 능력을 키워주는 것이다. 지적 능력도 중요하지만 인격적 능력이 받쳐주지 않으면 그것은 독이 된다. 세상에 해를 끼치는 많은 나쁜 놈들의 공통점은 인격적 능력에 비해 지적 능력이 비대하다는 것이다.

"얼마나 인격적 능력이 있는가?"

이 질문은 다르게 표현하면 이렇다.

"얼마나 유연하게 사고하는가?"

이 질문을 다르게 표현하면 이렇다.

"얼마나 진실을 알기 위해 다른 의견을 경청하는가?"

이 질문을 또 다르게 표현하면 이렇다.

"상황과 조건이 어떻게 변화되고 있는지 관찰하고 있는가?"

인간은 누구나 실패를 더 많이 한다. 인격적 능력은 실수와 실패를 마주했을 때 대처하는 태도로 드러난다. 자기가 실패했을 때 한 번 씨익 웃고, 다른 사람이 실패했을 때도 웃어준다. 인격적 능력을 가진 사람은 실패에 관대하기 때문에 마음이 고요하고, 이 세상 안에서 자유롭다.

가게에 와서 돈을 지불하고 왜 물건은 가져가지 않는가?

경험이라는 대가를 지불하고도 왜 배움을 얻지 못하는가

매번 가게에 와서 돈을 지불하고도 물건을 가져가지 않는 사람이 있다. 사람들은 그 사람을 바보 멍청이라 부르고, 뒤에서 '어리석은 놈', '맛이 간 놈'이라고 비웃는다. 그 사람보다 더 맛이 간 놈도 있다. 매번 경험이라는 대가를 지불하고도 배움을 얻지 못하는 사람이다. 돈만 주고 물건을 가져가지 않는 사람보다 더 멍청하고 어리석은 사람이다. 실수를 반복하는 사람은 가게에 와서 돈을 지불하고 물건을 가져가지 않는 사람보다 더 어리석다.

왜 돈을 지불하고 물건을 가져가지 않을까? 왜 경험이라는 대가를 지불하고도 배움을 얻지 못할까? 감정은 올바른 판단을 방해한다. 정직하게 자신의 실수를 인정하지 않는다. 자신의 실수를 정직하게 인정하는 것이 수치스럽다고 생각하기 때문이다. 실수를 하고도 실수를 인정하지 않고, 실패를 하고도 실패를 인정하지 않는 까닭은 수치심 때문이다. 수치심을 피하기 위해 자신을 속이는 것이다. 정직의 반대는 거짓이 아니다. 정직의 반대는 진실을 감정적으로 과장하는 것이다. 진실도 과장하면 거짓이 된다. 판단을 내릴 때 가장 먼저 질문해야 할 것은 '내가 감정적으로 판단하고 있지 않은가'에 대한 것이다.

'나는 진실을 감정적으로 과장하고 있지 않은가?'

감정적으로 판단하고 있다면 뇌는 정상적인 판단을 하지 못한다. 진실이 과장되면 거짓보다 위험하다. 보통 인간의 마음에는 사실을 과장하는 감정의 증폭회로가 있다. 감정은 올바른 판단을 할 수 없게 한다. 판단을 내려야 할 때 필요한 것은 자신의 주관적 생각이 아니라 객관적 피드백이다. 자신의 직관에만 의지하다가는 실패하게 된다. 직관은 감정의 증폭회로에 의해 과장되어 있을 수 있다. 그러므로 직관은 의심의 대상이지 확신의 대상이 아니다. 통찰력이란 자신의 직관을 의심할 때 얻어지는 능력이다.

통찰력은 직관을 떠올리는 능력이 아니라 떠올린 직관을 의심해보는 능력이다. 진실을 과장하지 않으면 기억력도 좋아진다. 진실을 과장하지 않으면 기억해야 할 것이 줄어든다. 불필요한 기억이 줄어드는 것이다. 정직하게 행동하면 기억해야 할 것이 훨씬 줄어든다.

서로 모순되는 이야기를 억지로 짜 맞추려고 애쓸 필요가 없기 때문이다.

우리는 언제나 아는 것과 모르는 것 사이의 딜레마에 빠져 있다. 사람들은 흔히 모르는 것을 은폐하기 위해 과장하거나 거짓을 동원한다. 우리는 그 딜레마에서 어떻게 균형을 잡을 수 있을까? '모르는 것'을 질문하는 것이다. 진실을 과장하면 진실에서 멀어진다. 탁월한 사람은 자기가 안다고 생각하는 것이 진실인지 과장된 것인지 냉정하게 질문한다. 그때 비로소 진실을 과장하는 위험에서 벗어날 수 있다. 그제야 통찰력이 생긴다. 경험이라는 대가를 지불했으면 배움을 얻어야 한다. 그래야 똑같은 실수와 실패를 반복하지 않게 된다.

변명이 일상화된 조직은 왜 최악의 조직인가?

...

선善이란 타인의 능력을 키워주기 위해 존재한다

에너지 낭비가 심한 조직은 언제나 누군가에 대한 비난으로 가득하다. 에너지의 대부분을 자기방어와 변명에 사용하고 있으면 무능한 조직이 된다. 무능하면 언제나 비난의 대상을 찾고, 변명거리를 찾는다. 무능한 조직에 가보면 가해자는 없고 피해자로 가득하다. 재미있는 것은 가해자가 항상 피해자 행세를 한다는 사실이다. 그들은 누군가를 비난하고 공격해야 자신이 생존할 수 있다고 믿는다. 편 가르기는 그들에게 생존의 수단이다. 신뢰가 없는 곳에서는 비난과 험담이 과장의 프로세스를 거치며 성장한다.

조직에서 문제에 직면한 사람들은 그 문제를 가지각색으로 몇 갑절 늘려나간다. 이야기를 할 때 사람들은 실제보다 문제를 극적으로 만들기 위해 스토리 구조에 맞게 수정을 한다. 부풀림의 미학이라고나 할까? 모든 비난과 험담이 다루는 문제는 애당초 있었던 실제 문제보다 몇 배나 증폭된다. 불안에 직면한 사람들은 그 불안을 가지각색으로 몇 갑절 늘려나간다. 두려움에 직면한 사람들은 그 두려움을 가지각색으로 몇 갑절 늘려나간다. 절망에 직면한 사람들은 그 절망을 가지각색으로 몇 갑절 늘려나간다. 문제를 증폭시키지 않는 방법은 냉정하게 직시하는 것과 신뢰를 구축하는 것, 두 가지다. 그리고 언제나 희망을 잃지 않는 것이다.

"실수해도 좋아. 자기 방어에 에너지를 사용할 필요가 없어. 그것은 불필요한 행동이야."

에너지 낭비가 별로 없고 변명이 없는 조직은 이런 암묵적 합의를 갖고 있다. 서로 존중하는 문화와 유머의 문화를 가지고 있다. 자신의 약점과 실수를 서슴없이 유머의 소재로 사용한다. 자존감이 충만하면 사람들은 자존심을 내세우지 않는다. 자아에 집착하지 않고 자아가 예민하지 않기 때문에 자신을 방어해야 할 필요가 없다. 자신의 실수나 약점을 내보여서 주위 사람들을 편안하고 자유롭게 이완시켜준다. 최고의 선善은 그 사람이 가진 최대한의 능력을 끌어내고 키워주는 것이다.

무능한 조직은 언제나 굳어 있고 심각하다. 형편없는 조직은 '비난의 문화'가 조직의 유전자로 박혀 있다. 무능한 조직은 공동의 목적이 뭔지 모르고, 재미도 없고, 자신을 낮추는 유머도 없다.

최악의 조직은 자기들이 선이라 주장하며 다른 사람을 굴복시키려 하기 때문에 사람들의 넘치는 에너지가 자기방어와 자기변호에 소진된다. 최선의 조직은 사람들이 가진 최대한의 능력을 끌어내는 것이 선이라 생각하기 때문에 타인에 대한 존중과 유머로 충만하다.

왜 앞에서 하는 말과 뒤에서 하는 말이 달라지는가?

변명의 기원

앞에서 하는 말과 뒤에서 하는 말이 다른 사람은 왜 그럴까? 자기의 감정을 표현하는 훈련을 한 번도 받아보지 못하고 어른이 되기 때문에 그렇다. 이것은 결국 교육의 문제다. 교육에서 가장 중요한 것은 '자기감정을 표현하고 타인의 감정을 알아채는 훈련'이다. 한국의 교육은 가장 중요한 이 부분이 빠져 있다. 이 교육이 없으면 사람들은 서로 공존하기 어렵고, 사회는 후진성을 면치 못한다.

앞과 뒤가 달라지면 가장 크게 내상을 입는 사람은 자기 자신이다. 앞에서 하는 말과 뒤에서 하는 말이 다른 사람은 스스로를 수치스럽게 생각하게 된다. 자존감이 지속적으로 하락한다. 내면의 실상을 위장하기 시작하면 언어와 마음이 분열되고, 자신의 정신이 분열된다. 정신 분열의 시작은 내면의 생각과 외부의 표현이 다른 것이다. 속으로는 그렇게 생각지 않으면서 입으로는 다른 말을 하는 것이다.

건강한 사람은 앞에서 하는 말과 뒤에서 하는 말이 다르지 않다. 자신의 생각이나 마음을 드러낼 때 정직하고 정중하게 표현한다. 특별한 조직은 위장하는 사람이 없는 조직이다. 반대로 나쁜 조직은 앞과 뒤가 다르고 뒷담화가 무성하며 변명이 일상화된 조직이다. 변명이란 앞에서 하는 말과 뒤에서 하는 말이 다른 것이다. 변명은 자기 자신을 수치스럽게 만드는 언어다.

훌륭한 아이로 키우고 싶다면 변명하는 상황을 만들지 마라. 훌륭한 조직을 만들고 싶다면 변명하는 문화를 만들지 마라. 노자는 '선자불변善者不辯 변자불선辯者不善'이라고 말했다. 해석하면 이런 뜻이다.

"가장 좋은 조직은 변명하게 하지 않고, 변명하게 만드는 조직은 나쁜 조직이다. 가장 좋은 부모는 변명하게 하지 않고, 변명하게 만드는 부모는 나쁜 부모다."

사회의 문화든, 조직의 문화든, 가족의 문화든, 그 어떤 관계의 문화든 억압적이고 획일적이면 사람들은 변명을 시작하고, 정신은 분열되며 하나로 집중되지 못한다. 자기의 감정을 표현할 줄 아는 능력, 타인의 감정을 알아채는 능력! 이 교육과 훈련이 가장 중요하다. 한국의 지금 같은 교육은 이제 쓰레기통으로 보내야 한다.

왜 에너지와 시간을 변명에 낭비하는가?

...

변명은 자신감과 에너지를 먹는 뱀파이어다

어떤 사람이 가장 힘든 사람일까? 질문을 했을 때 방어적으로 나오는 사람이다. 일을 못 하는 사람은 언제나 말이 많다. 그리고 더 공격적이다. 자신의 무능을 다른 사람이나 외부 상황에 전가시키려 하기 때문이다. 질문에 조건반사적으로 변명하는 사람은 가장 근원적인 태도인 '어머니 태도'가 상처를 입었다고 봐야 한다. 후진 사람은 질문에 방어적인 태도를 보인다. 문제가 생기면 누군가의 탓으로 돌린다. 질문에 변명으로 반응하는 사람은 변명하는 조직을 만든다. 최악의 조직은 '변명의 문화'를 가진 조직이다. 변명하는 사람을 바꾸는 데는 오랜 시간과 많은 에너지의 투자가 필요하다.

변명이 일상화된 조직은 후진 조직이고, 후진 조직에서 일하는 사람들은 질문이 없다. 모든 게 두루뭉술하고 모든 게 구체적이지 않다. 질문을 했을 때 방어적으로 나오거나 조건반사적으로 변명하는 사람은 이렇게 변화해야 한다.

"아! 내가 미처 생각해보지 못한 질문이네. 좋은 질문 감사해!"

"질문해주셔서 고마워요. 그 질문을 받으니 영감이 떠오르네요."

변명하게 만드는 분위기는 없애야 한다. 변명하는 태도도 내다 버려야 한다. 무능한 조직은 사람들이 가진 에너지의 70퍼센트 이상을 자기방어와 자기변호에 쓴다. 그런 조직은 서로 가해자와 피해자의 역할을 분담하면서 에너지를 낭비한다.

일하는 사람들이 각자 자신이 좋아하는 일을 즐겁게 하고 있으면 좋은 조직이다. 다른 사람에게 정중하고 정직하게 피드백 할 줄 아는 조직문화가 있다면 최고의 조직이다. 변명은 가장 나쁜 것이다. 변명과 변명하게 만드는 행동은 자신감을 죽이고 에너지를 먹어치운다. 잘못이라면 변명할 이유가 없고, 잘못이 아니라면 변명할 필요가 없다. 탁월한 팀의 팀원들은 변명을 쓰레기통에 집어던진다.

사람들은 누구나 변명을 싫어한다. 비굴한 행동을 좋아하는 사람은 거의 없다. 우리가 신나게 도전하면 실수와 실패는 그림자처럼 따라붙는다. 실수와 실패는 우리가 무언가를 얻기 위해 대가로 지불하는 비용일 뿐이다. 비용은 정당하게 지불해야 하는 것이지 비굴하게 변명해야 하는 것이 아니다. 왜 에너지와 시간을 변명에 낭비하는가?

작은 아이디어를 환대하고 있는가?

어떤 아이디어라도 처음에는 초라하고 보잘것없다

어떤 아이디어라도 처음에는 작고, 초라하고, 보잘것없다. 그래서 사람들은 초라하고 보잘것없는 아이디어를 발설하지 않으려고 한다. 두렵기 때문이다. 비난이 두렵고 쪽팔릴까 봐 두려운 것이다. 이런 두려움에 노출되면 아이디어는 말라죽는다. 그러므로 아이디어는 평론하는 것이 아니라 보태야 하는 것이다. 아이디어가 없는 조직은 재미없고 무미건조하다. 그런 조직은 싸울 일만 생긴다. 누구나 자신 있게 아이디어를 내어놓을 수 있도록 하기 위해서는 어떤 아이디어라도 환영하는 조직의 분위기가 중요하다.

아이디어는 '생각'이라는 것을 할 줄 아는 사람만이 낼 수 있다. 그리고 무엇보다 아이디어는 조직을 사랑하고 조직에 헌신하는 사람만이 낼 수 있다. 아이디어는 고마워할 때, 환영을 받을 때 기어 나온다. 겁 많고 연약한 어린 아이(디어)를 냉소하지 마라. 바로 죽어버린다. 아이디어가 죽으면 조직의 창조성도 죽고, 조직의 재미도 죽고, 조직의 역동적인 에너지도 죽는다.

'한 번'의 빅 베팅에 올인하기보다 여러 번의 작은 베팅을 해야 한다. 어떤 아이디어가 효과적이고 시장에서 살아남을 수 있을지 정확하게 예측하는 것은 불가능하다. 결국 실험을 해보는 수밖에 없다. 혁신가들은 새로운 아이디어를 두고 너무 성급하게 시도하거나 한 번의 도박 같은 실험에 모든 희망을 걸지 않는다. 그들은 정교한 계획으로 성공 여부를 미리 예측하는 대신, 실패와 좌절을 감내하며 끈질기게 목표를 향해 나아간다.

지금 크게 성장한 회사들도 처음엔 작고 초라하게 시작했다. 그들의 이상과 비전이 거대했을 뿐이다. 이상은 크게, 시작은 작고 사소하게! 사회혁신과 혁신적인 사업은 '어떤 아이디어를 찾아내고 발전시키고 테스트하기 위해 리스크 부담 없이 해보는 시도'를 통해 일어난다.

> "구글의 창업자인 래리 페이지와 세르게이 브린은 애초에 미국 역사상 성장이 가장 빠른 기업을 창업하려고 했던 것이 아니다. 웹의 정보탐색 방식에 일대 혁신을 일으키려고 했던 것도 아니

다. 그들의 원래 목표는 스탠퍼드 디지털 도서관의 협력업체로서 도서관 검색 결과에 우선순위를 부여하는 일이었다. 하지만 그들은 다양한 가능성을 시험한 끝에 알고리즘의 중요성을 깨닫게 되었고, '세계의 모든 정보를 체계화한다'는 야심찬 목표를 향해 나아갈 수 있었다." –《리틀 벳》 중에서

혁신은 천재적 아이디어나 세상을 꿰뚫어보는 놀라운 통찰력으로 일어나는 것이 아니다. 사회혁신도 그렇고 혁신적인 비즈니스도 그렇고, 처음부터 거창한 개념을 잡거나 프로젝트 전체를 미리 계획하고 최종 결과를 예측하기보다 작지만 혁신적인 실험들을 시도하는 것에서부터 시작된다. 의미 있는 성공을 이루려면 무수한 실험의 양적 축적이 필요하다.

혁신은 작은 도전에서 일어난다. 아무도 예상치 못했던 새로운 길을 찾아내고 비범한 결과를 이끌어내는 원동력은 작은 도전이다. 상투적인 기획안 만드느라 시간 보내고, 현실과 동떨어진 분석에 에너지를 투입하느라 정작 작은 시도조차 하지 못하는 일이 얼마나 많은가. 열린 사고와 작은 시도를 통해 예상치 못한 연관성을 찾아내야 혁신이 일어난다.

천재를 뛰어넘는 학습 방법은 무엇인가?

…

실패의 속도를 두 배로 빨리하면 혁신의 속도도 두 배로 빨라진다

"커다란 나무로 성장하는 씨앗은 재능이라는 씨앗도 아니고 영감이라는 씨앗도 아니며 오직 용기라는 씨앗이다." –비트겐슈타인

결국 '도전정신'이다. 작은 도전이라도 그것은 용기라는 씨앗이 잉태한 선물이다. 실패는 감수해야 한다. 천재는 극히 드물게 태어나지만 창조적 아이디어를 발굴하기 위한 작은 실험은 누구나 할 수 있다. 비상한 머리와 탁월한 재능을 갖추지 않아도 누구나 작은 도전을 통해 천재적인 능력자가 될 수 있다.

불확실한 상황을 헤쳐나가며 우리 안의 창조적 능력을 끄집어내

는 기회는 작은 도전을 할 때다. 작은 실험을 시도하는 것이 새로운 사실을 발견해가는 과정이다. '절차를 밟아 도달하는 사고 과정'은 천재만이 할 수 있다. 치밀한 절차와 논리를 밟아 도달한다는 천재성을 뛰어넘는 유일한 방법은 작은 실험과 도전이다.

우리의 목적을 추구하는 과정에서 실수와 실패는 필연이다. 고난이나 시련도 없을 수가 없다. 작은 도전은 스스로를 자발적 시련에 몰아넣는 좋은 방법이다. 도전하는 사람을 높이 평가해야 한다. 작은 성공을 축하하고 축적해야 한다. 작은 승리가 쌓이면 자신감이 상승한다. 자신감은 다시 성공의 에너지를 만든다.

작은 성공은 그 안에 완벽하게 실행된 승리의 메커니즘이 있다. 메커니즘은 반복되면서 강화된다. 빠른 실패가 빠른 배움을 낳는다. 학습능력은 실패를 통해 극대화된다.

모든 혁신의 성공 뒤에는 두 가지가 있다. 하나는 혁신의 성공 이면에 실패로 끝난 무수히 많은 시도가 있었다는 것, 다른 하나는 그 실패에서 뼈저리게 배우는 사람이 있었다는 것이다. 혁신은 도전을 장려하는 분위기에서 일어난다. 혁신이 성공하기 위해서는 실패에 대한 비난, 완벽주의, 위험 회피, 과도한 계획 등에 의해 방해받지 않아야 한다. 불확실하고 급변하는 세상에 맨날 계획하고 분석하는 데 시간을 사용하는 것은 에너지를 낭비하는 일이다. 시도와 실패는 사회 혁신의 창조자이다.

작은 시도와 작은 성공은 하나의 팀에서 가장 명예로운 일이다. 모든 성공적 혁신의 배후에는 실패로 끝난 무수히 많은 시도가 있었다. 실패의 속도를 두 배로 빨리하면 혁신의 속도도 두 배로 빨라진다.

자신감과 자존감은 어디에서 오는가?

...

실수나 실패를 했을 때 찾아온다

영어 전문가인 조이스님에게 물었다.

"영어로 self-esteem(자존감)과 self-confidence(자신감)의 차이가 뭐죠?"

"Self-esteem(자존감)은 존재가 형성될 때부터 같이 자라온 거라 안에서 밖으로 발현되는데 Self-confidence(자신감)는 밖에서 안으로 내가 나를 다독이며 만들어져요."

자신감(self-confidence)과 자존감(self-esteem)은 어디에서 오는가? 외부에서 주입되는 암시에서 생긴다. "넌 참 좋은 사람이야"라는 암시를 받은 사람과 "넌 참 형편없구나."라는 암시를 받은 사람의 차이는 크다. "넌 뭐든 해낼 수 있어."라는 암시를 받은 사람과 "넌 매사에 왜 이렇게 못하니?"라는 암시를 받은 사람은 아주 큰 차이를 보인다.

암시는 어릴 때는 부모에게서 가장 큰 영향을 받고, 학생시절에는 선생님들의 영향을 크게 받고, 사회에 나와서는 리더와 직장의 분위기에 가장 큰 영향을 받는다. 누구에게서 받는 암시가 가장 큰 영향력을 발휘할까? 부모다. 가장 결정적인 암시를 주는 사람은 누구인가? 자기 자신이다. 자기 자신을 책임지는 사람은 결국 자기 자신이다.

이 암시는 언제 찾아오는가? 실수나 실패를 했을 때 찾아온다. 인생은 늘 새로운 상황에 맞닥뜨리고 새로운 문제에 직면한다. 새로운 도전은 익숙해질 때까지 언제나 실수투성이다. 오늘은 이런 실수를 하고, 내일은 또 다른 실수를 한다. 실패를 처리하는 태도, 실패를 받아들이는 태도는 암시에 의해 훈련된다. 그 암시는 내면화된다.

실패를 멋진 도전의 과정으로 받아들이면, 실패가 학습 과정에 필수적으로 따라오는 것으로 받아들이면, 실패는 훈련 과정으로 긍정적으로 인식될 수 있다. 반대로 실수할 때마다 야단치거나 비난하거나 추궁하게 되면 인간은 수치심을 느끼거나 자책감에 빠지거나 심지어 죄책감에 시달린다. 혼나는 것이 두려워 아무것도 시도하지 못한다.

자신감은 '자신에 대한 신뢰'이다. 자신감은 자기에게 맡겨진 일을 잘해낼 수 있다고 믿는 감각이다. 내가 공부를 잘할 수 있다는 자신감, 남들보다 뭔가가 더 뛰어나다는 자신감은 자신의 특정한 능력에 대한 신뢰감이다. 이와 달리 자존감은 비교우위를 통해 얻는 것이 아니라 자신의 존재 자체에 대한 존중이다.

자신감은 성공의 결과로 강화되고, 자존감은 자신의 존재 자체를 인정함으로써 강화된다. 자신감은 성공의 결과를 확인해야 생기지만 자존감은 실패를 해도 줄어들지 않는다. 자존감은 행복의 원인이다. 자존감은 특정한 능력이 있기 때문에 생기는 것이 아니라 '내가 나를 사랑하는 감각, 내가 나를 인정하는 감각'이다. 나를 있는 그대로 사랑하고, 조건에 상관없이 인정하는 것이다.

자존감의 핵심은 '스스로가 원하는 것을 스스로에게 베풀 수 있는 마음'이다. 자기가 원하는 것을 자기 자신에게 해줄 수 있는 마음? 자기가 원하는 게 뭐냐? 자기가 원하는 것은 인정과 관심이다. 존경받는 것이다. 그렇게 되면 자신의 부족함, 자신의 못난 점도 솔직히 인정한다. 자신을 과장하거나 과소평가하지 않는다. 자신을 속이지 않는다. 그러나 자신에게는 자기만의 가치와 능력이 있다고 믿는다. 자신의 존엄, 자신의 고귀함, 자신의 위대함을 자각한다.

공감능력은 자존감에서 나온다. 공감능력이 없는 사람들은 '저 사람이 나를 어떻게 볼까'에 신경 쓰느라 상대방의 감정을 읽을 여유가 없다. 공감이 뭔지 모른다. 그리고 상대방의 감정이 자기의 감정과 똑같다고 간주한다. 타인의 감정을 자기 방식대로 해석해버린다. 그런 사람한테 우리는 이렇게 말한다. "인생 참 편하게 사시네요."

그러나 그분들은 사실 사는 게 사는 게 아니다. 세상 모든 사람들이 자신을 주시한다고 생각하기 때문이다. 자신과 타인을 비교하기 때문에 우월감과 열등감을 항상 끌어안고 산다. 수치심과 자책감에 시달린다. 상처받은 어린 자아가 무의식에 버려져 있다. 누군가와 자신을 비교하는 프레임에 빠져 있다.

조직의 리더와 조직의 분위기는 어떤가? 자신감을 암시하는가? 열등감을 암시하는가? 도전과 실패를 장려하는가? 조직이 자연스러운 분위기인가? 적절한 감정표현이 이루어지고 있는가? 서로를 인격체로 존중하고 있는가? 이야기할 때 언제나 질문하기가 몸에 배어 있는가? 자신감을 키워주고 자존감을 살리는 것은 리더와 조직의 분위기다.

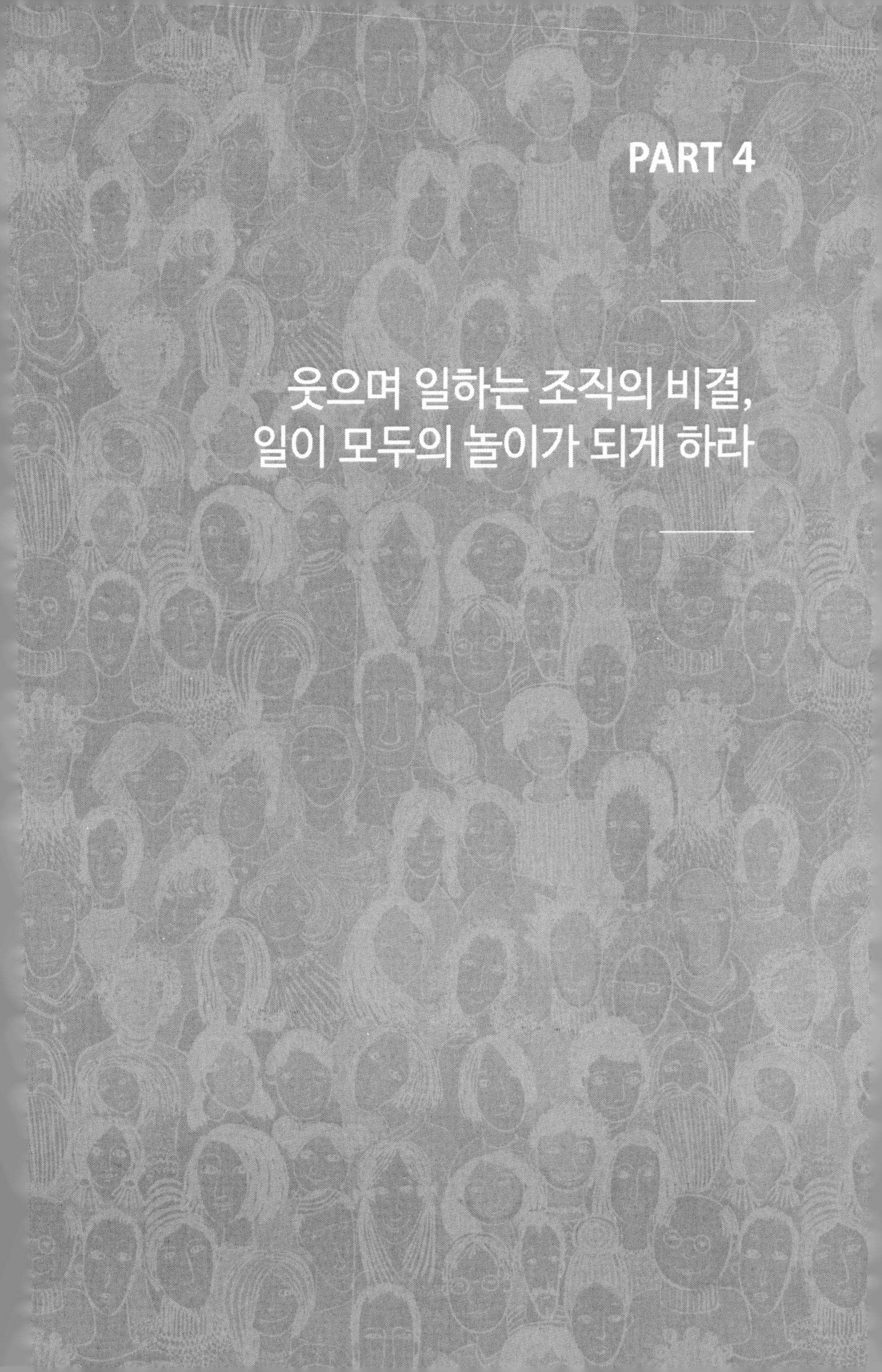

PART 4

웃으며 일하는 조직의 비결, 일이 모두의 놀이가 되게 하라

"먹고사는 것이

그대의 직업이 되게 하지 마라.

그대의 놀이가 되게 하라."

– 헨리 데이비드 소로

일이 놀이가 되게 하라!

노는 게 일이 되면 누가 뭐래도 성공이다

남의 시선에 내 인생이 좌우 될 필요는 없다. 노는 게 일이 되면 누가 뭐래도 성공이다. 가진 능력의 전부를 발휘해도 일이 성공하리라는 보장은 없다. 하물며 어쩔 수 없이 하는 일이 성공할 리가 있겠는가? 그런 경우는 없다. 억지로 일하면 자기 능력의 반도 발휘하지 못한다. 자기 능력을 다 발휘하지 못한다면 자기에게 안 맞는 일을 하고 있는 것이다. 그 사람이 인생을 제대로 사는 데 도움을 주려면 그런 방식으로 일하는 것을 중단시켜야 한다. 자기가 사랑하는 일을 하거나 자기가 하고 있는 일을 사랑하거나 둘 중에 하나를 선택하도록 해야 한다. 일이 즐거우면 성공한 인생이다. 일이 그대의 놀이가 되게 하라!

먹고사는 걸
어떻게 즐길 것인가?

...

억지로 일하면 암 걸린다. 먹고사는 것이 그대의 놀이가 되게 하라

억지로 먹으면 체한다.

좋아하는 음식을 맛있게 먹으면 1초 만에 행복해진다. 억지로 죽지 못해 먹는 것과 좋아하는 걸 맛있게 먹는 것은 큰 차이가 있다. 일도 그렇다. 억지로 일하면 암 걸린다. 자기의 책상 위에 붙여 놓을 만한 문구를 추천해 달라고 하면 헨리 데이비드 소로의 이 말을 권한다. 멋진 인생을 위해 꼭 기억해야 할 말이다.

> "먹고사는 것이 그대의 직업이 되게 하지 마라. 그대의 놀이가 되게 하라."

무슨 일을 하든 직업이 되게 하지 말고 놀이가 되게 하라! 이 말은 결단을 요구하는 말이다. 이 말은 이렇게 바꿀 수 있다.

"먹고사는 것이 그대의 직업이 되게 하지 마라. 그대의 공부, 인생의 배움이 되게 하라."

배울 의지가 있는데도 배우는 방법을 모르는 사람이 있다. 즐기고 싶은 마음은 있는데 어떻게 하면 즐길 수 있는지 모르는 사람이 참 많다. 간단하다. 하나는 '배우겠다! 즐기겠다!'고 마음먹는 것이다. 다른 하나는 '어떻게 배울까, 어떻게 즐길까?'를 스스로에게 질문하는 것이다.

망할 놈의 꼰대들이 점령하고 있는 한국 학교 교육은 완전 심각하다. 어떻게 질문할지, 어떻게 잘 놀 수 있는지에 대해서는 하나도 안 가르치고, 정답찍기 훈련만 시킨다. 자기가 무얼 모르는지 질문하는 게 능력이다. 다른 건 다 필요 없다. 이 질문만 던질 줄 알면 일을 놀이로 만들 수 있고, 일을 배움의 과정으로 만들 수 있다.

질문이 능력이고 잘 노는 게 능력이다. 일을 통해 배우겠다는 의지를 갖는 것이 능력이고, 일을 놀이로 만드는 게 능력이다. 멋진 인생은 자기가 좋아하는 일을 하면서 사는 인생이다. 더 멋진 인생은 자기가 하는 일을 좋아하는 사람이다. 하는 일을 즐길 수 있다면 그는 존경받을 만하다. 창의성이 별건가? 자기가 하는 일에서 새로운 즐거움을 만드는 거 아닌가.

'좋아하는 일'을 하든지 '하는 일'을 좋아하든지, 둘 중 하나를 선택해야 한다. 그걸 위해서는 자기만의 독자적인 비법이 필요하다. 일을 놀이로 만드는 방법, 일을 배움의 도구로 만드는 자기만의 방법을 찾으면 된다.

일이 놀이가 되게 하는 방법은?

일은 일로 하면 망한다

놀이는 왜 중요한가? 사람은 놀지 않으면 늙는다. 잘 놀면 늙지도 않는다. 자기 일을 재미있는 놀이로 생각하면 노화가 멈춘다. 우리는 '놀이'를 통해서만 과거나 미래가 아닌 오롯이 지금 이 순간을 산다고 느낀다. 일은 일로 하면 망하고 호기심으로 하면 흥한다. 일을 게임처럼 즐겁게 하는 방법은 내가 선망하는 대상을 라이벌로 두는 것이다. 그냥 라이벌이 아니라 최고의 라이벌을 두어야 한다. 좋은 라이벌이 있어야 일이 재미있고, 재미가 있어야 일이 좋아진다. 좋아하는 일에는 라이벌과의 흥미진진한 경쟁이 있다. 제대로 일을 배우는 방법은 존경하는 라이벌을 찾아내는 거다. 그럼 추상이 구체로, 목적이 실행으로 한 걸음 나아간다.

'어떻게 하면 이 일을
신나고 재미있게 할 수 있을까?'

…

일을 놀이로 만드는 방법은 질문이다

딸이 다니는 학교에서 진로교육을 해달라는 부탁이 왔다. 교육하는 날, 학교애 갔다.

"가장 좋은 건 '일'이 '놀이'가 되는 겁니다. 누구나 꿈꾸는 이상이죠. 그래서 일을 마주하면 가장 먼저 이렇게 질문해야 합니다.

'어떻게 하면 이 일을 신나고 재미있게 할 수 있을까?'

'공자 말씀'만 하는 공자도 그랬잖아요. 능력이 뛰어난 사람보다 일을 좋아하는 사람이 더 낫고, 일을 좋아하는 사람보다 그 일을 즐기는 사람이 더 낫다고 말이에요. 일을 즐기는 사람보다 한 단계 더 높은 사람도 있어요. 일에 미친놈이죠. 미친놈 이야기하면 길어지는데 미친놈의 특성이 뭐냐? 남의 시선을 의식하지 않는 거예요. 그게

다 나쁜 거라고 생각하는데 꼭 그렇지 않아요.

예를 들어 세상 사람들이 다 앞을 보지 못하는 시각장애인이라면 내가 명품 백을 사서 들고 다니겠어요? 다 앞을 보지 못하는데 좋은 차, 좋은 집, 명품 옷을 가지려 하겠어요? 그러니까 명품 옷을 입는 이유는 타인의 시선을 만족시켜주기 위한 거죠. 왜 인생을 타인의 시선을 위해 살아요? 타인의 시선을 의식하지 않고 산다는 건 멋진 일이야. 어쨌든 일이 놀이가 되는 것은 인생의 궁극적 목적입니다. 그러려면 말이야, 일을 선택할 때 세 가지 조건을 만족시켜야 해.

먼저 내가 좋아하는 일을 해야 해. 하기 싫은 일을 하는 건 불행한 거야. 근데 김연아도 피겨스케이팅보다는 노래방 가서 노래 부르는 걸 더 좋아해. 김연아가 노래를 좋아한다고 피겨스케이팅 선수 대신에 가수가 되었다면 별로였을 거예요. 그러니까 좋아하는 일을 하되 소질이 있어야 돼.

그래서 두 번째 조건은 내가 잘할 수 있는 일을 해야 해. 근데 내가 좋아하고 잘할 수 있는 일이라고 도둑질을 하면 안 되잖아. 다른 사람에게 해를 끼치는 일을 하면 안 되잖아요.

그래서 세 번째로 공동체에 도움이 되는 일을 선택해야 해. 사회에 기여하는 일을 해야 하는 거지. 이 세 가지의 교집합에 있는 게 무엇인지 진지하게 물어봐. 누구에게? 자기 자신에게!

가장 큰 문제는 내가 무엇을 좋아하는지, 내가 무얼 잘하는지, 다른 사람들이 무엇을 필요로 하는지를 잘 모른다는 거야. 모르면 물어봐야 돼. 점쟁이한테 물어볼 필요 없어. 자기 자신한테 물어봐야 돼.

어쨌든 재미없이 일하지 말고 일을 즐겨야 해. 이런 말을 하면 사람들은 '재미없는 일을 어떻게 재미있게 하냐'고 물어요. 재미있고 없고의 문제는 실제 일이 그럴 수도 있지만 대부분의 경우 선택의 문제이거나 관점의 문제예요. 즐길 줄 아느냐 모르느냐의 문제가 왜 관점의 문제냐? 예를 들어 그 당시에는 눈물 나는 시간이지만 지나고 나면 즐거운 기억이 되는 거야. 힘들고 괴로울 때 카메라를 미래의 시선으로 옮기면 현재 느끼는 눈물의 시간이 가치 있는 시간으로 바뀝니다. 가까이서 느낄 때는 고통이지만 멀리서 돌아볼 때는 행복한 추억이 되는 것처럼 말이에요. 피사체를 어떤 각도에서 잡느냐, 멀리 밀어서 보느냐, 가까이 당겨서 보느냐, 이것이 관찰능력입니다. 일을 즐긴다는 것은 관찰능력에 달려 있는 겁니다. 자기 내면에 있는 카메라를 들이대서 즐거움, 가치, 의미는 찾아내는 겁니다. 어떤 시선으로 우리가 하는 일을 조망하느냐가 가장 중요하죠. 의미와 가치를 찾아내는 눈이 없으면 그 사람은 아무리 즐거운 일을 해도 지겹고 힘든 일로 바뀌는 겁니다.

우리는 마치 소설처럼, 영화처럼 우리의 일을 드라마틱하게 끌고 가는 능력을 가져야 하는데 그게 일을 즐기는 능력입니다. 그것은 일을 마주하는 태도에서 나옵니다. 그래서 일을 마주하면 가장 먼저 이렇게 질문해야 합니다.

'어떻게 하면 이 일을 신나고 재미있게 할 수 있을까?'"

여행의 프레임으로 일을 보는가?

...

여행과 일의 공통점은 보는 것, 즉 관찰이다

여행이란 무엇일까? 여행이란 길 위에서 무언가를 바라보는 일이다. 우리는 무언가 새로운 걸 보기 위해 여행을 떠난다. 여행이란 거리를 두고 대상을 관찰하고 느끼는 일이다. 거리가 있어야 바라볼 수 있고, 느낄 수 있고, 배울 수 있다.

가장 흥미로운 여행지는 어디일까? 죽기 전에 꼭 가보아야 할 곳, 가장 많이 느끼고 가장 많이 배울 수 있는 곳! 그곳은 어디일까?

자기 인의 마음이다. 마음의 풍경을 보는 일은 세상에 무엇보다 가치 있고 재미있고 의미 있는 일이다. 외부의 자극에 반응하는 나의 마음은 만 가지의 기쁨과 만 가지의 슬픔으로 반응한다. 시기, 질투,

분노, 우울, 짜증, 좌절, 절망, 분노, 수치, 기쁨, 즐거움, 사랑, 행복 등 마음에서 일어나는 반응은 어떤 조건에서 왜 일어나는 것일까? 외부의 자극에 나는 다르게 반응할 수 없을까? 내 안에 맺혀 있는 것은 무엇인가? 내면의 풍경을 관광하는 것, 죽기 전에 반드시 가보아야 할 곳은 바로 자기 안의 마음여행이다. 내 안의 풍경들은 단지 내가 태어나서 일어난 것들이 아니다. 나라는 존재는 수억 년의 진화과정이 응축된 어마어마한 역사적 풍경이다.

여행처럼 일을 새롭게 보는 것은 어떨까? 일도 여행처럼 볼 수 있다면 그 일은 90퍼센트 성공이다. 일과 여행은 길 위에서 보는 것이다. 여행 일정과 계획을 짜듯이 일의 프로세스를 짜야 한다. 누구의 도움을 받아서 계획을 짜야 하는지, 누구와 여행을 할 것인지, 어디를 둘러봐야 하는지, 언제까지 돌아와야 하는지, 자금은 얼마나 소요가 되는지, 어떤 기록을 남겨야 하는지…. 이 모든 것에서 일과 여행은 동일하다.

일이 여행이라는 걸 자각하면 어마어마한 변화가 일어난다. 어차피 인생도 여행이고 일도 여행이다. 길고 긴 우주의 시간 속에서 우리는 짧은 백 년의 여행을 하기 위해 이곳에 왔다.

왜 사업계획을 세우는가?

…

사업계획이란 여행계획 같은 것

왜 사업계획을 세우느냐고?

사업계획이란 여행계획 같은 것이다. 여행이란 장소를 바꿈으로써 우리가 미리 생각하는 가정이나 미리 상상하는 선입관을 바꾸는 일이다. 우리의 뇌는 항상 미리 예측하도록 설계되어 있고 우리의 예측이 맞는지 틀리는지 확인을 거쳐 수정한다. 미리 예측하고 그것이 맞는지 틀리는지 실행해보면서 계획을 현실에 맞게 수정하고 조율하는 것이다.

회계도 마찬가지다. 왜 원가계산을 그렇게 하는지 물어봐도 아는 사람이 없다. 다만 그렇게 했을 때 나중에 더 정확하게 원가계산을 할 수 있는 기준이 된다. 전년도의 경험을 바탕으로 우리가 집중해서

성과를 거둘 분야에 집중해보는 것이다.

사업계획을 세울 때는 여행을 준비하듯이 해야 한다. 사업계획의 본질은 상상력이다.

우리는 언제
기뻐하는가?

…

팀이란 함께 즐거워하는 조직이다

언제 내 가슴이 뿌듯했는지를 돌아보면 내가 나를 바꿔냈을 때였다. 언제 내 가슴이 뛰었는지를 돌아보면 현실을 바꾸었을 때였다. 언제 우리 가슴이 터질 것 같았는지를 돌아보면 불가능한 현실을 바꾸어냈을 때였다. 언제 내 마음이 기쁨으로 물들었던가를 돌아보면 사람의 마음을 얻었을 때였다. 언제 우리가 행복했던가를 생각해보면 마음과 마음이 통했을 때였다.

아무리 좋은 시스템도 금방 낡아지고, 모든 병을 고쳐주는 만병통치약은 없으며, 모든 일을 해결해주는 만능열쇠도 없다. 매 순간 문제는 생겨나고, 때와 장소, 관계와 감정에 따라 문제를 해결하는 방법도 전부 다르다. 사람 사이의 문제는 늘 새로운 해답을 찾아야 한다. 문제의 해답은 우리 안에 있다. 날마다 새롭게 시작하면 날마다 새로운 날이 시작된다. 그때 내 마음은 기뻐한다.

사람이 가장 멋질 때는 웃으며 농담할 때고, 멋지지 않을 때는 화를 낼 때다. 가장 예쁠 때는 웃으며 이야기할 때고, 전혀 예쁘지 않을 때는 인상 쓰고 있을 때다. 농담을 하고 웃고 떠들 때 가장 마음이 많이 열린다. 가장 좋은 관계는 어떤 관계일까? 농담하는 관계다. 상대에게 농담을 거는 사람이 최고의 팀원이다. 어려워하는 관계는 좋은 관계가 아니다.

조직이나 가족의 분위기나 가장 좋은 건 '자연스러운 관계, 자연스러운 분위기'다. 어려운 관계도 아니고, 어색한 관계도 아니다. 자연스러운 것이 가장 우아한 것이기도 하다. 자연스러운 게 가장 품격 있는 것이다. 우리는 자연스러운 관계를 만들고 자연스러운 분위기를 만들려고 노력해야 한다. 즐거워야 원하는 걸 이룰 수 있기 때문이다.

잘 놀기 위해 필요한 규칙은?

머리로 익히고 가슴으로 놀아라

"정확한 음을 손에 익힌 다음, 머리에서 지워버리고 가슴으로 연주하라."

영화 〈샤인〉의 대사 중에 나오는 말이다. 이 말을 우리 이렇게 바꿔보자.

"정확한 말을 입에 익힌 다음, 머리에서 지워버리고 가슴으로 말하라."

이 말을 또 이렇게 바꿔보자.

"정확한 글쓰기의 태도를 익힌 다음, 머리에서 지워버리고 가슴으로 글을 쓰라."

또 이렇게 바꿔보자.

"정확한 표정을 얼굴에 익힌 다음, 머리에서 지워버리고 가슴으로 표현하라."

마지막으로 이렇게 정리해보자.

"정확한 일의 태도를 몸에 익힌 다음, 머리에서 지워버리고 가슴으로 일하라."

그런데 진짜 중요한 문제는 '정확한'에 있다. '정확한' 것을 손, 입, 표정, 태도로 익히기 위해서는 머리라는 도구를 이용해야 한다. 머리는 학습의 도구다. 머리라는 도구를 이용해 정확하게 몸에 익히는 방법은 '집요'와 '집중'이다.

'끈질기게 중요한 부분을 잡고 놓지 않는 것'을 '집요'라 하고 '가운데를 잡는 것'을 '집중'이라 한다. '집요'란 중요한 핵심을 붙잡고 놓지 않는 것이다. '집요'란 중요한 것을 놓치지 않는 것이다. 어떻게 만유인력에 대한 연구를 완성했느냐는 질문에 뉴턴은 이렇게 말했다.

> "문제의 해답을 구하거나 번뜩이는 아이디어를 얻고 싶다면 늘 그것만 생각하면 된다."

한번 물고 늘어지면 절대 놓지 않는 끈질김을 '집요함'이라 하는데 이런 태도를 몸에 익힌 사람에게 무너지지 않을 난제는 없다.

'정확한'의 두 번째 의미는 '집중'이다. 집중이란 가운데를 잡는 것이다. 균형을 말한다. 가운데에 서야 양쪽 모두를 볼 수 있다.

순자荀子는 이렇게 말했다.

> "너그럽되 느슨함을 허용하지 않고, 깨끗하되 상처주지 않는다."

사람을 대할 때 균형을 잡는 방법이다. 그것이 집중이다.

"정확한 일의 태도를 몸에 익힌 다음, 머리에서 지워버리고 가슴으로 일하라."

일을 하는 정확한 태도는 '집요'해야 하고, '집중'해야 한다. 이것이 말을 잘하고, 글을 잘 쓰고, 일을 잘하는 방법이다.

PART 5

지속가능한 조직의 생명,
협력하는 팀

"네 자신을 개선시켜라.

그것이 네가 세계를 개선시키기 위해

할 수 있는 유일한 것이다."

– 비트겐슈타인

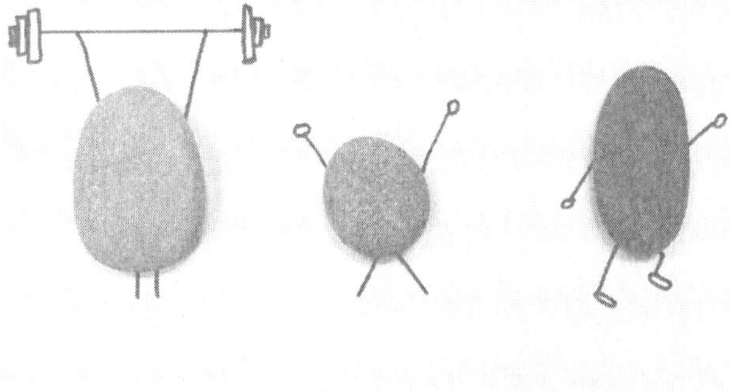

왜 부족한 현실은 창조의 조건도 되고, 변명의 조건도 되는가?

...

개인의 세계는 불완전하고 불안하다

삶이란 잘못된 선택이 일상적으로 일어나는 곳이다. 실수나 실패는 올바른 선택을 위해 반드시 거쳐야 하는 과정이다. 자신의 부족함, 자기의 한계, 자신의 오류가능성은 인정하고, 반대로 상대의 부족함, 한계, 실수는 너그럽게 이해하는 것이 협력으로 가는 지름길이다.

퍼펙트는 없다. 합쳐서 퍼펙트를 만드는 길밖에 없다. 자기의 세계를 확장하는 최고의 방법은 타인의 세계를 인정하고 그 세계와 연결되는 것이다. 타인의 세계와 연결되는 방법은 간단하다. 모르면 질문하고 부족하면 도움을 요청하는 것이다. 사람들은 이와 반대로 한다. 모르면서 주장하고, 부족한데도 허세를 부린다. 그럴수록 자기의 세계는 점점 좁아진다.

혼자서는 완전할 수 없다. 모이면 완전해진다. 개인의 세계는 불완전하고 불안하다. 불안하고 불완전한 자기의 세계를 확장하는 방법은 타인의 세계를 인정하고 그 세계와 연결되는 것이다. 담비가 모이면 호랑이도 잡는다. 호랑이도 협동의 힘에는 당하지 못한다. 호흡을 맞추면 세상을 바꿀 수 있는 힘이 우리에게 있다. 조직은 운명을 바꾸는 가장 좋은 도구다.

개인은 누구나 불안하고 불완전하고 부족한 현실에서 살 수밖에 없다. 개인이 처한 부족한 현실이 창조의 조건으로 바뀌는 것은 협력하는 조직을 만들 때이다. 불안한 개인의 운명을 바꾸는 방법은 협력하는 조직을 만드는 것이다. 자신의 부족함을 인정한 사람들이 모여 건강한 전체를 이루면 조직은 개인의 운명을 변화시킨다.

우리는 협력을 왜 하는가? 목적을 이루는 가장 좋은 방법은 협력이다. 협력을 왜 해야 하는가? 시너지를 내기 위해 우리는 협력한다. 협력이 되면 내가 모든 걸 다 배울 필요가 없다. 협력 없이는 성공도 없다. 협력을 이루기 위해서는 협력의 장애가 무엇인지 알아야 한다. 협력을 방해하는 것은 무엇인가? 협력의 최대 장애물은 서로 다른 언어를 사용하는 것이다.

분명히 같은 한국어를 사용하는데 사람마다 보는 게 다르고, 언어가 다르다. 집단마다 언어가 서로 다르다. 문과적 언어와 이과적 언어가 다르고, 여성의 언어와 남성의 언어가 다르고, 리더의 언어와 팔로우어의 언어가 다르다. 시민사회의 언어와 공무원들의 언어가 서로 다르다. 비즈니스 언어와 시민사회의 언어가 서로 다르다. 시민사회의 언어, 행정의 언어, 시장의 언어가 서로 다르다.

언어가 서로 다르면 통역이 필요하다. 서로 다른 언어를 통역해서 합의의 과정을 만들어가는 것이 협치다. 우리는 서로 다른 입장에 서 있기 때문에 서로 다른 것을 보고, 서로 다른 방식으로 일하고, 서로 이해하지 못한다. 성공에 가장 필수적인 조건은 상호이해와 협력이다. 서로 다른 언어를 사용하는 집단들이 모여 상대방의 언어를 배우는 과정이 협치다.

협력을 하기 위해서 가장 중요한 일은 '공동의 목적'이 무엇인지 서로 합의하는 것이다. 같은 언어로 번역하는 첫걸음은 목적을 합의하는 것이다. 둘째로 중요한 일은 우선순위를 정하는 일이다. 우선순위가 높은 일은 모두 참여하고 협력해야 한다. 셋째로 합의해야 할 일은 실패에 대한 존중이다. 거버넌스에서 조심해야 할 일은 사소한 차이를 본질의 차이로 확대시키는 것이다. 실수에 대해 너그러워야 협력이 가능하다.

조직에서 협력이 무너지면 전부가 무너진다. 협력을 무너뜨리는 행동은 용납하면 안 된다. 불만과 불평의 부정적인 에너지로부터 스스로를 보호해야 한다. 일을 잘하는 사람은 부족한 조건에서 어떻게 일을 성공시킬 수 있을까를 질문하는 사람이다. 팀의 에너지가 목표를 향해 하나로 모일 때 부족한 현실은 창조의 조건이 된다. 개인이

고립되어 부족한 현실을 마주하면 현실은 변명의 조건이 된다.

부족한 현실에 대해 먼저 '어떻게 돌파할 수 있을까'를 질문하고, 다음으로 팀을 이루어 함께 고민할 때 그 현실은 창조의 조건이 된다. 부족한 현실에 대해 먼저 질문하지 않고, 팀이 아니라 개인적으로 고민하면 그 현실은 변명의 소재가 된다. 변명하고, 불평하고, 핑계로 삼는 순간 무능의 조건이 된다. 변명과 불평은 무능을 끝없이 강화한다.

협력은
왜 중요한가?

...

똑똑한 '개인'보다 똑똑한 '우리' 만들기

개인의 천재적 역량보다 다수의 집단적 협력이 훨씬 더 중요하다. 협력은 돈이나 권력으로 절대 만들어지지 않는다. 보통 이익을 위해 협력한다고 생각하지만 실제로는 그렇지 않다. 협력은 작은 이익이 아니라 이런 큰 명분으로 만들어진다. 아무도 해보지 않은 일에 도전하는 마음, 세상을 변화시키는 일을 하고 세상에 기여한다는 자부심을 갖는 것, 이런 것들이 협력을 만드는 힘이다.

한 사람의 천재가 몇만 명을 먹여 살릴 수 있다는 이야기는 진실이 아니다. 똑똑한 '개인'보다 똑똑한 '우리'를 만들어야 한다. 고도의 지식이 넘쳐나는 전문화된 시대에는 똑똑한 개인의 능력으로 원하는 목적과 목표를 이룰 수 없다. 다양한 개인의 역량이 서로 협력하고 시너지가 날 수 있는 팀 빌딩을 해야 한다. 조직의 경쟁력을 한마디로 정의하면 상호 '협력하는 능력'이다.

협력은 왜 중요한가? 개인의 역량은 집단 속에서 다른 사람과 충돌하며 대부분 소실된다. 집단에 모인 개인들은 피할 수 없는 숙명처럼 서로 배타적으로 작용한다. 서로 충돌하면서 가진 힘을 소진한다. 조직에서 배타적으로 작용하는 개인의 경쟁심을 서로 협력하게 만드는 것이 경쟁력이다. 서로 충돌하면서 사방으로 흩어지는 에너지를 한 방향으로 모아내는 역량이다. 우리는 왜 협력해야 하는가? 협력하면 무엇을 잘해낼 수 있는가?

> "700만 년 전 인간은 침팬지와 하나의 조상으로 묶여 있었지만 현재는 전혀 다른 존재가 되어 있다. 왜 침팬지는 지금도 침팬지이고 인간은 인간이 되었을까? 협력하는 능력, 즉 사회성이 뇌를 만들었다. 똑똑해서 인간이 된 것이 아니라, 사회라는 무기를 획득하기 위해 생존전략으로 대뇌를 키웠고 부가적인 산물로 똑똑해진 것이다."

고도의 사회성이란 떼로 몰려다니는 집단주의, 전체주의와 다르다. 고도의 사회성이란 서로 다른 존재를 받아들이고 다른 생각을 수용할 줄 아는 능력이다. 집단에 자신의 생각을 의탁하거나 위임하는 것은 협력이 아니다. 독립적이고 건강한 개인들의 협력이 중요하다. 건강한 인간은 집단에 자신을 의탁하지 않는다. 조직의 경쟁력은 협력하는 능력이다. 조직 내에서 협력 대신에 싸움을 선택하면 그 조직은 망한다. 갈등이 구조화된 조직은 희망이 없다.

집단 속에서 개인의 능력이 위축되지 않도록 하고 오히려 극대화되도록 하는 시스템이 필요하다. 예를 들어 스티브 잡스는 어떤 일을 시작할 때 가장 먼저 협력적인 팀을 세팅하는 것부터 시작했다. 그의 천재적 경쟁력도 알고 보면 협력을 조직하는 능력이었다. 그 팀에서는 서로 협력해야만 했고, 그래서 각자의 능력이 최대한 발휘될 수 있었다. 협력은 시스템이다. 시스템은 구조와 가이드라인 같은 매뉴얼을 만드는 것이다. 자기가 하는 일을 자기 머릿속에만 담아놓으면 안 된다. 문서로 정리해 놓아야 한다. 협력이 사람의 수준과 조직의 수준을 결정한다.

왜 생각은 협력해서 해야 하는가?

...

집사광익集思廣益, 집단적 생각 시스템

딴 사람 눈에는 보이는데

내 눈에는 안 보이는 게 있다. 반면 내 눈에는 보이는데 딴 사람 눈에는 안 보이는 것도 있다. 시각視角에 사각死角이 있는 것처럼 생각에도 사각死角이 있다. 보이지 않으면 생각도 없다. 생각의 사각死角을 극복하기 위해 집단적 사고가 필요하다. 그것을 협치라 한다. 협치의 개념을 가장 오래 전에 제시한 사람은 제갈공명이다.

제갈공명은 그것을 집사광익集思廣益이라고 표현했다. 집사集思는 생각을 모으는 집단적 사고를 말하고, 광익廣益은 널리 유익하다는 말로 단군의 건국이념인 홍익인간弘益人間의 홍익弘益과 같은 말이다. 제갈공명은 협치를 가장 중요한 국정원리로 생각했다. 본인도 집사광익을 실천하고 대신들에게도 편지로 집사광익의 실천을 요구했다.

제갈량은 천재가 아니라 모두의 능력을 끌어내는 협치 시스템의 설계자였다. 그는 '집사광익'이라는 집단적 사고방식의 협치 설계자였다. 개인이 천재가 아니라 시스템이 천재여야 한다. 그것의 핵심은 집단적 생각 시스템이다. 집사광익, 즉 많은 사람의 지혜를 모아야 올바른 의사결정을 할 수 있고, 그래야 그 결정은 다수에게 이롭다

왜 협력하는 팀을 만들어야 하는가?

부족함은 인간의 본질, 채우는 것은 팀의 본질

일, 사랑, 놀이는 서로 맞물려 돌아가면서 서로를 완성해준다. 일과 삶의 균형은 누군가에게서 얻어내는 게 아니라 내가 도달해야 하는 역량이다. 워라벨(Work and Life Balance)은 일과 사랑과 놀이, 세 가지 영역의 균형을 잡아내는 어떤 경지를 말한다. 일과 놀이, 일과 삶을 완성해주는 가장 좋은 도구는 팀이다. 결국 팀 빌딩에 의해 결판이 난다. 개인의 가치 있는 삶도, 비즈니스의 성공도.

리더십의 핵심은 팀을 만들고 팀 빌딩을 하는 것이다. 팀을 왜 만들어야 하는가? 서로의 부족한 점을 채워서 공동의 목적을 이루기 위해서다. 혼자 살 수 없듯이 혼자로는 부족하다. 이것은 변치 않는 진실이다. 부족하기 때문에 팀을 만든다. 타인의 부족함은 비난의 근거나 시비의 대상이 아니다. 부족하다는 것은 인간의 본질이다. 부족함을 채워나가는 것이 팀의 본질이다.

인간이 개인의 힘으로 해결할 수 없는 문제를 해결하기 위해 만든 최선의 도구가 팀이다. 세상을 변화시키는 것은 팀이다. 남이 부족하다고 비난하거나 무시하는 것은 어리석은 짓이다. 왜냐하면 팀을 파괴하는 행동이기 때문이다. 부족하다는 것은 인간의 본질이다. 고독한 늑대도 팀을 만든다. 백수의 제왕 사자도 팀을 만든다.

팀 빌딩 과정에서 가장 먼저 해야 할 일은 '공동의 목적'을 정하는 일이다. 목적을 이루기 위해 가장 중요한 것은 '팀 빌딩'이고, 팀을 만드는 첫 번째 발걸음은 공동의 목적을 공유하는 것이다. 우리가 일을 하거나 세상을 변화시키려면 팀을 만들어야 한다. 일의 성패를 좌우하는 것은 팀 빌딩이다.

구성원들은 왜 서로 공격하는가?

…

물체는 서로 접촉할 때 충격이 생긴다. 사람도 그렇다

공동체란 원래 불편한 것이다. 공동체를 만들고 유지하는 일에는 막대한 자원과 에너지가 투입되지만 수많은 사람들이 내부 총격으로 사망하고 소중한 에너지와 자원이 내부 갈등으로 허공 속에 사라진다. 험담, 비난 같은 공격은 대표적인 내부 총질이다. 협력적인 조직이 되지 않으면 사람들은 주인 잃은 사냥개들처럼 서로 으르렁거리게 된다. 원칙 대신에 자기 주장만 내세우고, 공동의 목적 대신에 감정을 앞세운다. 구성원들은 서로 단절되고 경쟁하며, 사람들은 패거리가 되거나 고립되어 서로를 숨 막히게 한다.

구성원들은 왜 서로 공격하는가? 조직은 서로 다른 사람들이 모여 하나의 팀을 이룬다. 구성원들이 서로를 공격하는 것은 서로에 대해 충분히 이해하지 않았기 때문이다. 자신이 맡은 일을 잘하는 사람도 있고 못하는 사람도 있다. 서로 잘 맞는 사람도 있고 잘 맞지 않는 사람도 있다. 조직에는 다양한 사람들이 있다. 그중에는 기대 이상도 있고, 기대에 못 미치는 사람도 있다. 나랑 잘 맞지 않는 사람은 대개 멀리한다. 어쨌든 하나의 팀에는 우호적인 사람들과 적대적인 사람들이 섞여 있다. 서로 충분히 워밍업을 하지 않으면, 충분히 이해되지 않았다면 서로 싸우게 되어 있다.

왜 과장하고, 자랑하고, 침묵을 견디지 못하는가?

...

내면에 구멍이 있어 그렇다

과장해서 말하기를 좋아하는 이유는 내면에 가진 게 없어서 그렇다. 가진 게 없다는 것이 탄로 날까 두려우면 사람은 과장을 하게 된다. 과장함으로써 있어 보이려고 하는데 그게 참 없어 보이는 지름길이다. 자랑하기를 좋아하는 이유는 자기에 대한 신뢰와 인정이 없어서 그렇다. 오죽하면 자기 자랑을 할까? 인정자산이 없으니 자기라도 부지런히 자랑하려는데 그게 참 인정받지 못하는 지름길이다. 침묵을 견디지 못하는 이유는 내면의 안정감이 없어서 그렇다. 혼자 있을 때 마음이 안정돼야 같이 있을 때 관계도 안정된다. 마음의 고요 없이 관계를 찾아다니는 것은 목마르다고 바닷물을 마시는 것과 같다. 마실수록 갈증이 더 심해진다.

두려움이 닥쳤을 때 어떻게 반응하는가?

두려움에 빠지면 누구나 공격적으로 변한다

사람들은 무지한 순간에 두려움이라는 감정에 빠지고, 두려울수록 공격적으로 행동한다. 두려움이라는 감정은 불필요한가? 싸워서 없애야 할 나쁜 감정인가? 두려움에 빠진 사람은 자신의 판단이 옳다고 강변하고, 자기주장을 고집하고, 자기 방식에 집착한다. 그렇다고 두려움이 나쁜 감정인가? 두려움이 나쁜 것이 아니라 두려움을 처리하는 방식이 나쁜 것이다. 아마도 두려움이 인간에게 불필요한 감정이었다면 존재하지도 않았을 것이다.

왜 두려워해야 하는가? 두려움을 느낀다는 것은 내가 알지 못하는 낯선 상황에 직면해 있다는 것이다. 내가 알지 못하는 상황에 처해 있다는 것은 내가 어떻게 해야 할지 모른다는 것이다. 그러므로 두려움이 생기면 '지금은 질문하고 경청할 때'라는 신호라는 것을 알아차려야 한다. 그래서 주자는 '경敬'의 본질을 두려움이라고 하였고, 율곡은 사람을 두려워하는 마음으로 대하는 것이 경건함이라고 하였다. 신을 경외한다는 것은 신을 두려워하고 존경한다는 것이다.

내가 어떤 상황에서 공격적인 행동을 했다면 그것은 두려움에 빠졌다는 증거다. 사실 두려움은 자신의 판단, 자신의 주장, 자신의 방식을 고집하지 말라는 신호다. 그 상황과 그 판단과 그 행동에 대해 외부의 조언과 평가를 충분히 들어야 할 때라는 것이다.

두려움은 행동을 바꾸라는 신호다. 두려움만큼 확실한 신호는 없다. 지금은 내가 겸손하게 도움을 요청할 때이고, 지금은 내가 질문할 때이고, 지금은 내가 신중해야 할 때라는 신호다. 우리가 배워야 할 것은 두려움의 감정이 보내는 사인을 해석하고 처리하는 방법이다.

수치심과 사랑, 두려움과 애정은 공존할 수 있는가?

…

두려움과 사랑은 공존하지 않는다

두려움과 사랑은 공존하지 않는다. 인간은 자신이 두려워하는 사람을 사랑하지 않는다. 인간이 자기 자신을 대하는 방식도 마찬가지다. 자기 내면에 수치스러운 존재가 있으면 인간은 누구나 자기 자신을 사랑하지 않는다. 두렵고 부끄러운 존재는 기억의 방식으로 존재한다. 그 기억을 버리는 방법이 있다. 그 기억을 객관적인 언어로 표현하는 것이다. 수치스러운 기억을 극복하는 방법은 그것을 정직하게 털어놓는 것이다. 정직하게 표현하는 순간 그것은 더는 두렵지도 부끄럽지도 않게 된다.

인간에게는 누구나 날개가 있다. 인간은 예외 없이 날개가 있지만 동시에 발목에 거대한 쇠구슬이 달린 쇠사슬에 묶여 있다. 자신의 발목에 묶여 있는 쇠구슬을 끊어내는 가장 좋은 방법은 정직하게 표현하는 것이다. 내가 나를 인정하고 두려워하지 않을 때, 혹은 수치스러워하지 않게 되었을 때 나는 비로소 창조성에 눈을 뜨고 창조적인 능력을 발휘할 수 있다. 그때 비로소 비약적인 성장이 일어난다.

'나는 누구와 연결되어 있는가?'

…

팀의 역량이 개인의 역량을 만든다

삶에서 가장 중요한 것은 이것이다.

'나는 누구와 연결되어 있는가?'

우리는 흔히 좋은 사람 따로 있고 나쁜 사람 따로 있다고 착각한다. 대부분의 경우 좋은 사람 나쁜 사람 따로 있는 것이 아니라 그 사람이 누구와 연결되어 있는지에 의해 그 사람의 정체성이 결정된다. 좋은 사람과 나쁜 사람이 따로 있는 것이 아니라 좋은 관계망과 나쁜 관계망이 있을 뿐이다.

개인역량의 본질은 관계역량이다. 개인이 문제가 아니라 그 사람이 누구와 연결되어 있는지가 더 본질적인 것이다. 개인이란 알고 보면 그 사람이 소통하고 관계 맺는 집단의 대변인이다. 그래서 그 사람이 누구와 이야기를 하고, 어떤 대화를 나누고, 어떤 글을 읽고, 무엇을 보는가가 중요하다.

어릴 때는 가족이 나의 정서를 결정하고, 학생 시절에는 친구들이 나의 정체성을 결정하고, 조직에 들어가서는 팀이 나의 능력을 결정한다. 경쟁력을 따질 때 우리가 흔히 저지르는 실수는 개인의 능력에 초점을 맞추는 것이다. 개인의 능력보다 중요한 것은 팀의 능력이다. 성장하는 팀에서 함께 성장하는 행운은 아무나 누릴 수 없다. 그런 행운은 일생에 만나기 어려운 기회다. 야망과 꿈이 없다면 성장하는 팀워크에 함께할 수 없다. 좋은 게 좋은 팀이 아니라 정직하게 피드백해주는 팀에서 나는 더 크게 성장할 수 있다.

협력하는 팀의 필수조건, '본래의 목적'이 무엇인가?

…

목적 위에 감정이 올라가면 판단을 망친다

가장 위대한 습관은 무엇인가? 다음과 같은 질문을 자주 던지는 것이다.

'우리의 목적이 무엇인가?'

토론을 할 때, 논쟁을 할 때, 감정싸움을 할 때, 프로젝트를 기획할 때, 이 질문을 끊임없이 하는 것이다. 목적이 분명해야 팀은 팀으로 제대로 설 수 있다. 목적이 팀워크를 만든다. 내부에 나만 살겠다는 경쟁구조가 형성되면 팀 빌딩은 이루어지지 않는다. 행동하거나 의사결정을 할 때 그것이 우리의 목적에 부합하는지 반복해서 질문해야 한다.

팀 빌딩에 실패하는 이유는 목적 위에 감정을 올려놓기 때문이다.

자존심, 수치심, 두려움, 짜증, 우울, 불안, 분노와 같은 감정이 생기는 것은 자연스러운 현상이지만 그것에 지배당하지 말아야 한다. 본래의 목적이 무엇인가? 본래의 목적을 이루기 위해 자신의 능력과 에너지와 시간을 집중하는 것이 '공동의 선'이다. 살아남는 데 성공하는 조직은 높은 목적과 목표를 세우고 거기에 모든 에너지를 집중한다.

세상의 혁신이란 '미래의 질서'를 먼저 만들어내고자 하는 치열한 싸움이다. 막연하고 불안하고 두렵다 할지라도 도전과 실패 없이는 미래도 없다. 세상의 새로운 솔루션은 '자기표현', '작지만 협력적인 팀의 힘', 그리고 '창의적인 사람들의 열정'에서 나온다. 이것들은 우리 마음속에 있는 빛나는 보석이다.

야망이 있는 자는 이런 질문을 할 것이고 야망이 없는 자는 가던 길을 가라.

'우리의 목적이 무엇인가?'

협력하는 팀의 필수조건, '인내'란?

더 큰 목적을 위해 작은 불편을 감수하는 능력이다

인간으로서 가장 수준 높은 행동은 이해하기 위해 질문하는 것이다. 이 과정에서 질문의 답을 찾을 때까지 판단을 유예해야 하는데 그걸 인내심이라 한다. 그것은 가장 귀한 태도이다. 질문하면 알게 되고 알면 달라진다. 알면 변화가 시작되는데 그것은 두려움으로부터 자유로워지는 것이다.

자, 다시 한 번 정리하자. 인내란 스트레스를 받으면서 참는 것이 아니다. 인내란 더 큰 목적을 위해 작은 불편을 감수해야 한다는 진실을 이해하는 것이다. 재능의 차이보다 중요한 것은 인내의 차이이다. 잡스는 인내의 중요성에 대해 가장 탁월한 방식으로 정의했다.

"애플에 큰 타격을 입힌 요소 중 하나는 제가 떠난 후 존 스컬리에게 찾아온 질병입니다. 그 질병은 바로 '훌륭한 아이디어만 있으면 사업의 90퍼센트는 진행된 셈이다'라는 사고방식이었죠. 직원들에게 '이 훌륭한 아이디어를 실행시켜봐.'라고 하면 당연히 구현해줄 것이라는 생각 말입니다. 그런 사고방식은 아이디어가 제품으로 이어지는 과정에 엄청난 장인적 노력이 필요하다는 사실을 간과해버립니다. 처음의 아이디어는 결코 그대로 구현되지 않아요. 아이디어를 구현하다 보면 더 많은 것들을 배우게 되고 동시에 포기해야 하는 것이 수백 가지는 생깁니다. 전자기기로 할 수 없는 일이 있고, 플라스틱 혹은 유리로 할 수 없는 일이 있으며, 공장과 로봇으로 할 수 없는 일이 있습니다. 제품을 개발한다는 것은 이런 모든 문제와 부딪히면서 머릿속에 담아놓은 5천 가지 개념들을 계속 새롭고 다른 방식으로 끼워 맞추는 과정입니다. 원하는 결과에 도달할 때까지 말이죠. 매일 새로운 뭔가를 발견합니다. 그것들이 발견될 때마다 그림이 조금씩 바뀌게 돼요. 다시 말해 그 '과정'이 곧 '마법'인 겁니다."

계속 문제에 부딪히면서 끊임없이 머릿속에 담아 놓은 백만 가지 개념을 바꾸어야 하는 그 과정을 인내해야 하는 것이다. 언제까지? '원하는 결과'를 얻을 때까지. 팀의 인내심은 '원하는 결과' 때문에 생긴다. 원하는 결과는 '압도적 목표의식'이다. 짜증나고 괴로운 과정을 뛰어넘는 힘은 압도적인 목표의식에서 나오고 압도적 목표의식이 전체 팀원을 지배해야 한다.

목표의식, 그것도 압도적인 목표의식만이 그 짜증나는 과정을 견디게 한다. 그런 과정이 '마법'이고 '팀 빌딩' 과정이다. 공동의 목적이 압도적이면 그 괴롭고 짜증나는 과정도 즐거운 마법이 된다. 목표와 과제를 명확히 하는 순간 버려져 있던 어마어마한 에너지가 움직이기 시작한다.

협력하는 팀의 필수조건, '기다림의 시간'이란?

기다림의 시간, 충분한 워밍업

모든 리스크는 내부에서 시작된다. 충분히 워밍업을 하지 않으면 서로 싸우게 되어 있다. 조직의 분위기가 따뜻해지도록 워밍업을 해야 하는데 그것은 사람에 대한 따뜻함, 진심 어린 존중, 항의를 받아들일 수 있는 포용력과 수용적 자세, 공감, 충분한 기다림이다. 이런 상상을 한번 해보자. 사과나무의 씨앗을 심었다. 그리고 1년을 1초라고 해보자. 그 사과나무의 씨앗은 단 3초 만에 사과 열매가 열리고 5초만 지나면 수많은 사과가 달린다. 재능은 어떠한가? 재능을 꽃피우려면 시간이 필요하다. 기다려야 한다. 니체가 말했듯 "나는 나 자신을 기다려야 한다." 그리고 나를 기다려주듯이 타인에 대해서도 기다려줄 수 있어야 한다.

협력하는 팀의 필수조건, '인간의 불완전함'에 대한 이해란?

인간은 누구나 불완전하고 결함이 있으며 모순된 행동을 한다

'인간의 불완전함'에 대한 공통의 인식을 가져야 한다. 인간은 누구나 불완전하다. 누구나 결함을 갖고 있으며 모순된 행동을 한다. 우리가 추구하는 목적을 달성하기 위하여 우리는 상대의 불완전함과 결함, 모순된 행동이 있을 수 있다는 사실을 받아들여야 한다. 인간은 누구나 불완전하지만 동시에 반드시 무언가 강점과 능력과 경험을 가지고 있을 것이라는 진실을 믿어야 한다. 내 옆의 동료는 단순히 폭탄이 아니라 분명히 어떤 능력을 가지고 있다는 확신을 해야 한다. 단지 지금 그 능력을 자기 자신도 우리도 찾지 못했을 뿐이다. 공동의 목적에 동의하지 않는 사람은 자신의 목적을 찾아 나가도록 알려주어야 한다.

협력하는 팀의 필수조건,
'관계의 온도'란 무엇인가?

···

따뜻한 봄바람이 불어야 새싹이 돋아난다

무엇보다 중요한 것은 관계의 온도다. 그것을 조직의 분위기라고 한다. 모든 생명은 자신을 보호하기 위해 견고한 껍질을 두르고 있다. 분위기가 따뜻하면 자신의 껍질(과거의 틀)을 깨고 발아를 한다. 씨앗만 그런 것이 아니라 동물의 알도 마찬가지다. 적당한 온도에서 알을 깨고 나온다. 온도가 중요하다. 북풍한설에는 어떤 씨앗도 싹을 틔우지 않는다. 서로의 기운이 위축되도록 행동하면 개인의 역량은 얼어붙어서 전혀 발휘되지 않는다. 분위기를 따뜻하게 하는 것이 워밍업이다. 우리는 확신해야 한다. 따뜻한 봄바람이 불어야 새싹이 돋아난다는 것을.

'조직의 분위기'는 어느 정도로 중요한가? '조직의 분위기'는 조직내의 사람들 사이에 존재하는 감정적이고 정신적인 기후 풍토를 말한다. 추운 겨울에는 싹이 트지 않듯이 싸늘한 조직 분위기에서는 창조적 에너지가 나오지 않는다. 따뜻한 봄이 되어야 새싹이 나오듯이 조직의 분위기가 따뜻해야 에너지가 나온다. 최선의 답을 찾는 '과정'을 즐기기 위해서는 무엇보다 생기 있고 따뜻한 조직 분위기가 중요하다.

온도는 왜 중요한가? 다이아몬드와 숯덩이는 같은 탄소다. 다이아몬드가 숯에게 말하기를 "너와 나는 같은 종족인데 우리는 왜 이렇게 다르니?"라고 한다. 숯덩이에 1만 도의 열과 압력이 가해지면 숯은 다이아몬드로 바뀐다. 사물의 내적 결정구조나 반복되는 패턴의 구조는 온도와 압력에 의해 다른 구조로 바뀐다. 그것을 상(phase)의 전환(transition), 즉 상전이(phase transition) 현상이라고 한다. 모든 물질의 패턴과 구조는 온도와 압력에 의해 상전이를 한다. 물은 액체이지만 온도에 따라 기체(수증기)가 되기도 하고 고체(얼음)가 되기도 한다. 온도나 압력에 의해 조직은 형태적 변화를 일으킨다. 그 형태는 질서를 갖기도 하고 무질서해지기도 한다. 온도나 압력에 의해 에너지를 얻기도 하고 잃기도 한다. 온도나 압력에 의해 물질이 도체, 반도체, 부도체, 초전도체 등으로 전자의 변화가 일어나기도 한다. 온도에 의해 끌어당기거나 밀어내는 자력이 생기기도 하고 사라지기도 한다.

최고의 조직은 최적의 온도를 유지한다. 서로 존중하며 마음을 열고 대화할 수 있는 분위기를 최적의 온도라고 한다. 그런 조직만 이 서로의 생각을 발전시킬 수 있고, 다른 생각에 귀 기울일 수 있으며, 자신의 견해를 객관적으로 검토하면서 문제의 해결책을 찾을 수 있다.

모든 인간관계에는 나의 태도에 따라 상대방도 똑같이 반응하는 '거울신경의 원칙'이 작용한다. 나의 마음과 태도는 즉각적으로 상대에게 영향을 미친다. 사람을 쫄게 하는 분위기, 내가 어울리지 않는 이야기를 하는 건 아닌가 걱정하게 하는 분위기, 자기 약점을 보이지 않아야 한다는 억압적 분위기, 두려운 분위기는 협력적인 조직을 만드는 데 가장 큰 적이다. 인간은 본능적으로 이런 분위기를 혐오한다. 거울신경은 상대에게 동일한 반응을 끌어낸다. 인간은 뇌에 있는 거울신경을 통해 내가 미소를 지으면 상대방도 미소를 짓고, 내가 찡그리면 상대방 역시 찡그린다. 내가 어떻게 대하느냐에 따라 상대방의 태도가 달라진다.

조직의 지배적인 분위기는 어떠해야 할까? 서로가 서로에게 즐거움을 주고, 서로가 서로의 지지자가 될 것이라는 믿음이 흘러야 한다. 따뜻한 봄바람이 불어야 새싹이 돋아난다.

협력하는 팀의 필수조건, '토론의 생산성'은 어떻게 올라가는가?

···

프로토타입이 나오면 토론의 생산성은 급상승한다

토론의 생산성이 조직 전체의 생산성이다. 토론의 생산성이란 토론 프로세스의 생산성이다. 생산성이 높은 토론의 프로세스는 무엇일까?

'실행하기 전에 하는 생각'은 대부분 쓸데없는 생각이고, '실행하고 나서 하는 생각'이 진짜 생각이다. 실행하기 전의 토론은 대부분 생산성이 낮은 '갑론을박' 수준이다. 그러나 프로토타입이 하나 나오고 나면 논의 수준은 급격하게 올라간다. 해보기 전에 하는 생각은 거의 대부분 편견에 가깝고, 해보고 나서 하는 생각은 편견에서 많이 벗어나 있다.

어떤 토론을 하든지 담당자가 기획안을 들고 오게 해야 한다. 그래야 생산적인 논의가 가능하다. 사람을 채용할 때는 '보여줄 수 있는 사람'을 뽑아야 한다. 무엇을? 자기가 맡은 일에 대한 기획안을.

"생각하지 말고 보라! 그러고 나서 생각하라!" 생각을 가지고 보면 제대로 보이지 않는다. 자기 생각으로 차 있으면 받아들일 공간이 없다. 충분히 보고 난 다음에 생각해도 늦지 않다. 시도와 실패의 경험이 없는 사람들이 모여 하는 토론은 대부분 편견과 쓸데없는 기우에 많은 시간과 에너지를 낭비한다.

협력하는 팀의 필수조건, '채용의 기준'은?

...

머리보다 가슴, 논리보다 정서가 중요하다

채용은 철저하게 파트너를 구하는 방식으로 해야 한다. 파트너를 잘못 구하면 조직은 무너진다. 크게 실패해본 사람, 막다른 절벽까지 몰려봤던 사람이 훨씬 더 좋은 인재다. 돌아갈 곳이 있는 사람들은 파트너로 적절하지 않다. 조직의 성공을 위해 집중하지 않아도 아쉬울 게 없는 사람은 당연히 집중하지 않는다. 조직의 성장과 자신의 성장에 전력을 다할 수 있는 파트너가 좋은 파트너다. 그런 사람을 찾아야 한다.

채용을 할 때 가장 좋은 인재는 정서가 안정된 사람이다. 스스로의 소중함을 알아야 정서가 안정된다. "나는 좋은 사람이야." "나는 소중한 존재야." 스스로 소중한 존재임을 아는 사람은 자존감이 높고, 자신의 잠재능력을 아는 사람이다. 자신이 좋은 존재라는 것을 자각하기 위해서는 충분히 존중을 받아야 한다. 좋은 느낌에 집중할 수 있는 능력이 정서적 안정이다. 부모가 아이들에게 줄 수 있는 가장 큰 선물은 정서적 안정이다. 가정이든 학교든 모든 교육의 목적은 잠재력을 개발하고 자존감을 증대시키는 것이다.

논리는 머리에서 나오지만 직관은 가슴에서 나온다. 채용에서 가장 먼저 고려해야 할 조건은 머리가 아니라 가슴이다. 똑똑한 사람보다 진실한 사람을 뽑아야 하고, 논리적인 사람보다는 상상력을 가진 사람을 뽑아야 하고, 정답을 찾는 사람보다 질문을 찾는 사람을 뽑아야 하고, 범생이보다는 재미있는 사람을 뽑아야 한다. 조직에는 무엇보다 정서가 안정된 사람이 필요하다. 보이는 것만 보는 사람보다 보이지 않는 것도 보려고 노력하는 사람을 뽑아야 한다. 그것이 조직의 성공을 보장할 수 있다.

말을 잘하는 것과 일을 잘하는 것은 다른 문제다. 우리는 목표를 정할 때 논리로 정하지 않는다. 우리가 원하는 결과물은 면밀한 계획이나 논리적 정합성으로 얻어지는 게 아니다. 우리가 원하는 성과는 가슴에서 나온다. 논리는 무언가를 확인하고 증명할 때만 필요한 것이다. 무언가를 발견하거나 목표를 정하거나 비전을 세우고 그것을 이루는 것은 논리와 아무 상관이 없는 일이다. 그때 필요한 것은 상상력과 직관이다.

협력하는 팀의 필수조건, '피드백'은 어떻게 해야 하는가?

정직하되 따뜻하게

"정직하게 피드백하라.

그러나 정중한 방식으로 피드백하라!"

피드백은 정직하게 하되 따뜻하게 해야 한다. 이 두 가지 원칙이 중요하다. 참견의 문화가 중요하다. 참견은 정직하되 따뜻해야 한다.

"피드백을 요구하는 것은 권리이고, 피드백을 해주는 것은 의무가 되어야 한다."

이게 조직의 문화가 되어야 한다. 자신의 업무와 타인의 업무가 더 완벽해지는 유일한 방법은 피드백뿐이다.

따뜻한 분위기가 중요하다고 해서 정직한 피드백을 포기해서는 안 된다. 정직한 피드백이야말로 사실은 그 사람에게 가장 필요한 것이고 상대를 가장 위하는 마음이다. 인간의 감각은 무척 예민하다. 상대가 잘못을 저질렀다고 해서 존경심을 포기해서는 안 된다. 그 사람을 위하는 진실한 마음으로 정직하게 그 사람의 문제를 지적해야 한다. 피드백 하다가 마음 상하는 일이 많기 때문에 피드백의 규칙을 서로 합의해야 한다.

정직한 피드백을 하기 위해서 어떤 마음을 가져야 하는가? 정직한 피드백을 위해서는 있는 그대로 관찰해야 한다. 있는 그대로 보기 위해 항상 자신의 마음을 고요한 상태로 세팅해야 한다. 고요한 상태에 있을 때만이 과장의 유혹에 빠지지 않기 때문이다. 지혜는 있는 그대로 보는 것이다. 무분별한 사람을 타이르거나 고치려고 노력할 필요가 없다. 상대방의 보잘것없는 항의를 과장해서 받아들이지 마라. '오는 말'에 '가는 말'로 응수하지 마라. 마음이 고요한 상태를 유지할 줄 알아야 한다. 가장 중요한 것은 마음의 평정이고 평화다.

인간의 행동은 습관적인 감정상태에 좌우된다. 내 마음이 들떠 있으면 날씨에 의해서도 영향을 받는다. 한 마리의 개가 거짓으로 짖으면 온 마을의 개들이 따라 짖는 것처럼. 내 마음이 안정되어 있지 않으면 거짓에도 현혹되기 쉽다. 자신의 습관적인 감정상태가 어떤 상태인지 살펴봐야 한다. 그게 눈에 보이면 메타인지 능력을 가진 것이다. 나의 습관적인 감정상태를 고요한 상태로 세팅해야 한다. 마음이 고요한 상태에 있지 않으면 사소한 감정에 의해 좌우되고 주변의 분위기에 좌우된다.

협력하는 팀의 필수조건,
'피드백'의 규칙은 무엇인가?

...

순서의 규칙과 균형의 규칙

피드백을 할 때 지켜야 할 두 가지 규칙은 무엇인가? 첫 번째는 '순서의 규칙'이다. 듣고 싶은 진실을 먼저 말하고, 듣고 싶지 않은 진실을 나중에 말하는 것이다. 좋은 말 먼저 하고, 나쁜 말 나중에 하라는 말이다. 나쁜 말을 먼저 하면 마음의 문이 닫히고, 마음이 닫힌 이후에는 아무리 좋은 말을 많이 해도 소용이 없다. 분명 같은 말을 해도 이 순서를 지키지 않으면 기피대상이 된다.

두 번째는 '균형의 규칙'이다. 듣고 싶은 진실을 말하되 듣고 싶지 않은 진실도 반드시 함께 말해야 한다. 칭찬하되 잘못된 부분은 정직하게 피드백을 해주라는 것이다. 듣고 싶은 진실만 이야기하는 건 아부에 지나지 않는다. 듣고 싶지 않은 진실도 같이 이야기해야 진짜 피드백이다. 순서를 지키지 않으면 상대의 마음이 닫히고, 균형을 지키지 않으면 진실의 문이 닫힌다. 피드백의 두 가지 규칙은 지키면 반드시 이롭고, 지키지 않으면 반드시 해롭다.

피드백은 토론의 형식으로 이루어진다. 토론은 조직의 능력과 개인의 능력을 성장시키는 데 큰 역할을 한다. 피드백을 제대로 하기 위해서는 먼저 편견 없이 충분하게 들어야 한다. 편견 없이 듣는 것을 '무판단'이라고 한다. 그 사람이 원하는 기획의도를 충분히 듣는 것이다. 그러고 나서 자기 자신에게 질문해야 한다.

"저 친구가 원하는 의도와 방법을 충분히 알겠군. 자. 그럼 솔직하게 나는 저 안에 대해 어떻게 생각하는가?"

이 질문이 스스로에게 절박하게 들어가는 순간, 자신의 머리는 백배 정도 빠르게 돌아간다. 온몸이 이 질문에 대답하기 위해 작동하기 시작한다. 개인의 성장속도는 비약적으로 빨라진다. 숨어 있는 나만의 고유한 정체성이 드러나고, 나만의 독창적인 사고와 독자적인 비결이 생기게 된다. 이것은 다시 다른 사람에게 강력한 영향을 주는 피드백이 된다.

협력하는 팀의 필수조건, '유능해지는 방법'은?

…

내가 하는 일에 나의 영혼을 올리는 것

"유능해지는 방법이 뭐예요?"

인턴을 하고 있는 친구가 나한테 질문했다.

"하하하, 그렇게 질문하면 유능해져요."

이렇게 대답하고 보니 약간 선문답 같은 느낌이 들어서 덧붙였다.

"유능해지고 싶다면 유능해지는 방법에 대해 질문하면 돼요. 하나 추천하고 싶은 것은 매일 '투 두 리스트(to do list)'를 적어보는 겁니다. 해야 할, 혹은 하고 싶은 일의 목록을 써보면서 이런 질문을 해봐요.

'왜 이 일을 해야 하는가?'

'이 일의 목표는 무엇인가?'

'어떻게 하면 가장 재미있게 할 수 있을까?'

'더 나은 방법은 없을까?'

'이걸 최고로 잘하는 방법은 무엇일까?'

'누구에게 자문을 구할까?'

'언제까지 해야 하는가? 나에게 주어진 시간은 얼마인가?'

to do list는 관심의 리스트예요. 가장 적게 일하면서 가장 스마트하게 일하는 방법은 to do list를 적고 위의 질문을 하는 거예요. 정말 중요한 건 to do list의 목적이 '누구를 어떻게 도와줄까'에 대한 리스트라는 거예요. 나의 이익을 위해 일하면 동기부여가 잘 안 돼요. 다른 사람을 도와주기 위해 일한다고 생각하면 당당해지고 가슴이 뿌듯해져요."

일을 할 때나 아니면 다른 무엇을 할 때나 거기에 마음을 실어 올리는 것이 중요하다. to do list는 처리해야 할 일의 목록이다. to do list를 하나하나 적어보면 그것은 대부분 협조요청이다. 따지고 보면 to do list는 협력의 리스트다. to do list를 적으면서 거기에 내 마음을 어떻게 올려놓을지 상상해보자.

to do list는 타인의 협조요청이거나 타인에게 협조를 요청해야 하는 일이다. 타인에게 협조를 요청하거나 타인의 협조요청을 처리하는 태도가 to be를 만든다. to be를 상상하면서 to do를 실행하는 것이 나의 본모습이 되는 것이다. '나'란 존재는 to do를 통해 to be가 되는 것이다.

배울 때 머리에 마음까지 더하는 것, 일에 마음을 더하는 것, 행동에 간절한 마음을 담는 것, 그것이 한계를 돌파하는 방법이고 진정한 아름다움이다. to do list는 마음의 리스트다. to do list는 거짓말을 하지 않는다. to do list가 없다는 것은 마음이 없다는 것이다. 영혼이 실리지 않으면 다른 마음을 움직일 수 없다.

to do list를 보면서 어떻게 재미있게 할 것인가를 질문해보자. 어떻게 최고로 잘할 것인지를 상상해보자. 무언가를 할 때 하는 것도 아니고 안 하는 것도 아니면 곤란하다. 확실하게 협조요청을 하고 확실하게 협조요청을 처리해줘라. 하든지, 아니면 말든지. 어설프게 쭈뼛거리지 마라. 보는 사람도 힘들다. 무언가를 할 때 영혼을 싣는 사람은 거부할 수 없는 매력이 있다. 장작을 패더라도 도끼에 영혼을 실어 패야 아름답다.

협력하는 팀의 필수조건, '리서치 능력'이란 무엇인가?

…

유능함과 무능함의 결정적 차이는 리서치 능력

유능함과 무능함의 결정적 차이는 무엇인가? 유능하다는 게 뭐냐? 유능함의 기준이 뭐냐? 어떻게 유능해지는가? 회의시간에 유능함을 만드는 근거에 대해 이런 말을 했다.

"제가 유능하다고 평가하는 단 하나의 기준이 있어요. 그건 리서치 능력이에요. 유능함과 무능함의 차이는 리서치 능력이 있느냐 없느냐에 의해 결정됩니다. 일을 잘한다는 건 사전조사를 잘한다는 말과 같아요. 우리나라에서 책을 가장 많이 파는 작가가 올린 글을 보면 왜 그런지 알 수 있습니다.

'체험 글 빼고 보통 책 한 권을 쓰기 위해 관련된 책 100권을 읽는다. 논문까지 합쳐 150권 정도를 읽는다.'

이러니 제대로 된 책이 나오는 거예요. 물론 내가 말하는 리서치란 연구를 위한 리서치가 아니라 행동을 위한 리서치예요. 리서치 능력은 사실 질문하는 능력이에요. 리서치를 할 줄 알면 어떤 일이라도 스마트하게 할 수 있어요. 리서치 못 하는 사람은 일의 결과물이 형편없어요. 도저히 봐줄 수가 없을 정도예요. 리서치 능력이란 건 질문하는 능력과 자료 찾아서 읽는 능력이에요. 리서치는 호기심이 동력입니다. 그래서 리서치는 일과 놀이의 경계에 있는 거죠. 리서치가 일이면서 놀이가 되면 영감이 쏟아져요. 리서치 능력이란 묻고(질문), 찾고(검색), 읽는(독서) 능력이거든요. 리서치는 탄광에서 마이닝(채굴)하는 일 같은 겁니다. 고된 작업이죠. 호기심이 많으면 리서치가 즐겁고, 리서치를 즐기면 보나마나 최고의 인재입니다. 아인슈타인인가 누가 그랬잖아요. 자기는 뉴턴과 이전의 거인들의 어깨에 올라갔을 뿐이라고. 리서치는 기본 중에서 가장 기본적인 것이지만 유능함에 도달하는 최고의 방법이에요. 사람들은 기본에 충실하지 않으면서 결과가 좋기를 바라는데 말이 안 되는 거죠. 리서치하는 거 보면 바로 그 사람의 수준을 알 수 있습니다. 리서치를 즐기세요. 묻고 찾고 읽다 보면 새로운 걸 창조할 수 있어요. 그걸 역량 강화(Capacity Building)라고 해요."

협력하는 팀의 필수조건,
'최상의 결과 이미지'는 무엇인가?

...

일의 결과물은 내 자존심이다

"어떻게 일해야 하나요?"

누군가 이런 질문을 했다.

"일을 할 때 마음에 새겨야 할 것이 있어요. 그냥 일을 하기보다 최상의 일을 해야 돼요. 내가 생각해도 멋진 그런 결과 있잖아요. 그런 걸 추구하는 거죠. 멋진 작품을 연출하려면 항상 먼저 질문의 리스트가 필요해요. 그리고 자기 자신에게 이렇게 질문을 던지는 겁니다.

'나는 이 일을 왜 하는가?'

'이 일의 목적이 무엇인가?'

'이 일의 최상의 결과 이미지는 무엇인가?'

'이 일을 어떻게 탁월하게 만들 수 있을까?'

이런 질문을 하는 것이 최상의 결과물을 낳는 최상의 태도라고 생각합니다. 어떤 일을 할 때 그냥 하면 안 됩니다. 최상의 일을 해야 합니다. 일을 할 때는 모든 자존심을 내다 버리더라도 일의 결과만이 나의 자존심이라는 것을 잊어서는 안 돼요. 최상의 결과물은 언제나 이런 질문과 함께 만들어집니다.

'이 일의 최상의 결과는 무엇인가?'

'최상의 결과를 위해 무엇이 필요한가?'

'최상의 결과를 위해 나는 무엇을 해야 하는가?'

'모델로 삼을 만한 다른 성공적인 사례는 무엇인가?'

'재미있고 감동적인 콘텐츠는 어떻게 만들 수 있나?'

'현재의 문제는 무엇인가?'

'이 일로 세상에 영감을 주고 재미를 주고 감동을 줄 수 있는가?'

이런 질문이 세상에 영감을 주는 결과물을 만듭니다. 우리가 추구하는 것이죠. 사람들이 보기에 '정말 멋지다!' 이런 감탄을 들으며 커피 한 잔의 여유를 즐기는 자신을 상상하는 겁니다. 기분 좋은 행복감을 느끼는 것이죠. 그게 내 존재를 확인하는 겁니다. 내 일의 결과물을 보고 사람들이 기뻐하고 좋아하는 걸 보고 싶어 하는 것이죠. 가수가 노래를 불렀는데 듣기가 싫다면 문제가 있잖아요. 부르는 사람도 행복하고 듣는 사람도 행복한 것! 그러려면 일에 나의 감정, 마음이 담겨야 돼요. 할 수 있는 능력은 충분히 있는데 질문을 안 하면 그 능력이 나오지를 않아요.

그림 같은 일, 작품 같은 일을 하려면 먼저 결심이 필요해요. 내가 이 일을 최상의 작품으로 만들겠다는 마음의 각오 말이에요.

열심히, 좀 더 스마트하게!

타인의 마음을 움직이는 일은 혼이 들어가야 가능해요. 일을 할 땐 작은 자존심은 버리고 큰 자존심을 지켜요. 일을 준비할 때는 쉴 새 없이 주변의 자문과 협력을 구해야 돼요. 멋진 결과를 만드는 것만이 내가 지킬 수 있는 최고의 자존심이거든요."

협력하는 팀의 필수조건, '대화'를 관찰하는가?

...

조직의 수준은 대화의 수준

조직의 수준은 그 조직에서 오가는 대화를 보면 알 수 있다. 말을 할 때 뭉뚱그려 말하는 조직은 낮은 수준의 조직이라고 보면 틀림이 없다. 목표를 이루어내는 조직의 특성은 오가는 말이 모두 아주 구체적이고 명확하다. 목표와 목적을 이루는 조직은 뭉뚱그려 말하지 않는다. 아주 구체적이다. 그들이 나누는 대화는 언제나 '왜(Why)?' '어떻게(How)?' '언제까지(When)?' '그래서(So)?'가 중심이 된다. 그 질문이 상대방의 사고를 확장해주고, 구체화해주고, 한 걸음 너 진전시켜주고, 상상력을 자극해주는 것이다.

'왜?'라는 질문에 한 마디로 답하지 못하면 그 일은 아직 가치 있는 일이 아니다. '어떻게?'라는 질문에 명쾌하게 답하지 못하면 자원을 아무리 퍼부어도 상상은 절대 현실로 변하지 않는다. '언제까지?'라는 마감일정을 질문하지 않으면 언제까지나 진행 중일 뿐이다.

서로에게 '왜?' '어떻게?' '언제까지?' '그래서?' 이런 질문을 던져야 한다. 이런 조직이야말로 서로를 성장시키는 꿈의 조직이다. 꿈의 조직은 우리가 상상하는 것과 달리 서로가 참견해대고, 지적질하고, 끊임없이 구체적인 것을 요구하는 조직이다.

협력하는 팀의 필수조건,
생각의 아키텍처를 허물 줄 아는가?

...

배움이란 자신이 쌓아 올린 생각의 아키텍처를 허무는 일

힘든 순간이란 알고 보면 자신의 한계를 돌파하는 시간이다. 세월이 지나고 나서야 그 고통의 시간이 없었다면 자신의 한계를 넘어서지 못했을 거라는 사실을 알게 된다. '고난의 시기(Hard Time)'가 좋은 시간이었다는 걸 나중에야 알게 된다.

주기적으로 자신을 고통 속으로 몰아넣는 현명한 사람도 있다. 새로운 도전을 해서 실패를 해본다든가, 안 해도 되는 과제를 맡아서 마감시간을 정한다든가, 자기를 싫어하는 사람에게 자기가 진행하는 일의 평가를 구한다든가 하는 일들이다.

좋은 게 좋은 거라는 식으로 넘어가지 않고 치열하게 직면해야 한

다. 악역을 맡은 자라고 악마는 아니다. 악역은 누군가 해야만 하는 일을 감당하는 천사의 임무다. 힘든 순간은 나쁜 시간이 아니다. 자신의 한계를 돌파하는 시간이다.

사람의 성장에는 패턴이 있다. 첫째로 문제나 고통에 직면했을 때 피하지 않고(혹은 원망하거나 투덜거리지 않고) 마주하는가, 아니면 도망치는가? 둘째로 문제나 고통을 정면으로 마주하는 것으로는 부족하다. 거기에 배움의 안테나를 세워야 성장한다.

배움이란 이전에 자신이 공고하게 세워 올린 생각의 아키텍처를 허물거나 리모델링하는 것이다. 이전에 가진 생각의 체계나 지식을 버리지 못하면 배움은 일어나지 않는다. 성장도 없다. 배움의 안테나는 의외로 감수성이다.

문제를 대하는 태도나 고통을 받아들이는 것은 이성이 아니라 감성이다. 자기가 이전에 가지고 있던 소유물(생각)을 버리느냐 지키느냐는 내 안의 다섯 살짜리 아이인 편도체가 좌우한다. 직면하지 못하고 버리지 못하면 책을 만 권 읽어도 성장하지 않는다.

모든 어려움이나 괴로움을 돌파하는 가장 좋은 방법은 그것을 배움의 기회로 인식하는 것이다. 아무리 크게 실패해도 그 실패에서 배움을 얻으면 인생의 대차대조표에서 적자가 아니다. 모든 성장의 배후에는 문제를 배움의 기회로 인식하는 태도가 있다. 배우겠다는 태도를 가지면 절대 현실에서 도망가지 않는다.

기본에 소홀해서 실패했는가, 아니면 도전에서 실패했는가?

Back to the basic

전투에서 패배하는 대부분의 시나리오는 다음과 같다.

"적의 동향을 정찰하지 않아서 그들의 움직임을 놓쳤고, 그들의 움직임을 놓치면서 마음이 풀어졌고, 마음이 풀어지면서 경계근무를 소홀히 했고, 경계를 소홀히 하는 바람에 야간 습격을 받아 대패를 하였다."

전투에서 이기고 지는 것은 전투가 시작되기 전에 결정된다.

"징이 없어서 편자가 떨어져 나갔고, 편자가 없어서 말이 달리지 못했고, 말이 달리지 못해서 말 탄 병사가 적의 추격을 받아 전사했다."

기본에 소홀해서 실패한 것은 용서해서는 안 된다. 기본에 충실하지 못해서 생기는 패배는 아주 작은 일, 아무것도 아닌 일, 아주 기본적이라고 생각하는 일을 소홀히 해서 생긴다. 일을 하는 데 있어 아무것도 아닌 일이라고 생각되는 아주 기본적인 일을 놓치면 일의 완성도는 바닥으로 떨어진다. 우리가 계획을 짤 때는 반드시 이렇게 질문해야 한다.

"기본에 충실한가?"

기본이란 무엇인가? 고객을 관찰하고 있는지, 최종 사용자의 관점으로 검토했는지, 재미있는지, 행동의 변화를 요청했는지가 기본이다.

우리의 가장 중요한 임무는?

음악처럼 요청하라

무엇 때문인지 모르지만

사람들은 요청에 약하다. 요청이 부담을 준다고 생각하는 모양이다. 하지만 오히려 반대다. 사람들은 요청을 받을 때 명예롭게 생각한다. 명예로운 요청을 하라. 요청을 잘한다는 것은 관계를 잘 조직하는 것이다. 요청은 알아주고 인정해주는 행위다.

요청을 잘하기 위해서는 세 가지가 필요하다. 자신이 필요한 게 무엇인지를 아는 것, 누가 그것을 가지고 있는지를 찾아내는 것, 그 사람을 가장 폼 나게 만들어주는 것, 이 세 가지를 위해서는 관찰력과 상상력이 동시에 필요하다. 자신의 힘만으로 할 수 있는 일은 지극히 적다. 타인의 힘을 얻어야 날아갈 수 있다. 타인의 힘을 얻기 위해서는 마음이 관대하고, 포용력이 있고, 밝고 명랑해야 한다. 요청을 잘하는 사람이 유능한 인재다. 명예로운 요청이 풍요로운 관계와 풍요한 세상을 만든다.

일을 잘하기 위해서는 내가 잘할 수 있는 것과 내가 못 하는 것이 무엇인지 잘 파악해야 한다. 내가 못 하는 것은 어쩔 수 없이 남에게 요청해야 한다. 그래서 목적을 이루려면 부탁하는 능력이 있어야 한다. 무조건 해달라고 요구하면 상대방은 기분이 나빠진다. 목적을 이루려면 두 가지가 필요하다. 하나는 목적을 이루는 과정에서 나에게 부족한 것이 무엇인가를 정확하게 아는 것이다. 다른 하나는 그 모자란 부분을 누가 가지고 있는가를 아는 것이다. 이것이 능력이다.

내가 부족한 것이 무엇인지 정확하게 인지할 때는 사람이 겸손해진다. 교만한 사람들은 사실 자기가 무엇을 모르는지, 자기가 무엇이 부족한지를 모른다. 자신의 부족함을 인식하지 못하다가 막판에 급해지면 무례하게 요구하게 된다. 모자람을 인식해야 정중하게 요청한다. 무례하게 요구하느냐, 정중하게 요청하느냐? 이 차이로 악연이냐, 선한 인연이냐가 결정된다. '유쾌한 음악처럼 도움을 요청하라!' 이것은 우리의 중요한 임무이자 권리이다.

요청하면 얻을 수 있다(Ask, and it shall be given you.). 사람들은 나를 도와주면서 자신이 더 기뻐한다. 사람들은 나를 도와주면서 더 만족해한다. 사람들은 모두 도움을 받을 때보다 도움을 줄 때 더 기뻐한다. 우리가 힘을 얻는 가장 중요한 방식은 네트워킹이다. 우리는 연결됨으로써 힘을 얻는다. 우리는 세상과 연결되어 있다. 자신이 홀로 독립된 존재라고 생각하면 자신을 오만하게 내세운다. 그러면 불화와 갈등으로 시간과 에너지를 탕진하게 된다.

델포이 신전에는 세 가지 말이 적혀 있는데 첫 번째 말은 '너 자신을 알라'는 말이고, 두 번째 말은 '너무 많은 것을 요구하지 마라'이고, 마지막 말은 '네가 들은 건 지키려고 노력하라'는 말이다. 너무 많은 걸 요구하면 실패한다. 타인에게도, 자신에게도, 신에게도. 적절한 요구는 음악소리처럼 아름답지만 과도한 요구는 스스로를 비굴하게 만든다. 과도한 요구나 기대는 자신의 자존감을 떨어뜨리는 작용을 한다. 타인에게 요구할 때는 타인이 가지고 있는 것, 타인이 해줄 수 있는 능력의 범위 안에 있는 것, 타인이 즐겁게 해줄 수 있는 것을 요구해야 한다. 자기 자신에게 요구할 때도 내 안에 있는 것, 내가 잘할 수 있는 있는 것, 내가 즐겁게 할 수 있는 것을 요구해야 한다.

모든 성공하는 비즈니스의 한 가지 특징은 서로 의존하는 관계를 만드는 것이다. 우리가 성공하기 위해서는 서로에게 의지해야 한다. 약자들을 연결시킴으로써 세상의 가치를 증진시키는 것이야말로 가치 있는 일이다. 시저의 말처럼 "친구가 내게 도움을 요청할 때 그것은 나에게 세상에서 가장 유쾌한 음악으로 들린다." 더 많은 부탁을 하고 더 많은 기쁨을 조직해야 한다. 세상은 서로 연결되면서 더 좋아진다. 상대를 기쁘게 하는 것이 곧 나의 기쁨이 된다.

차별성은 누가 만들어주는가?

...

차별성은 고객의 협력과 직원들의 협력에서 나온다

똑같은 규모의 자본으로 똑같은 사업을 한다 해도 전혀 다른 결과가 나온다. 사업의 핵심은 차별성(Difference), 즉 차이를 만들어내는 일이다. 차별성은 비즈니스나 상품의 생명이다. 차별성은 누가 만들어주는가? 차별성은 양쪽의 협력을 얻어야 만들어진다. 양쪽의 협력이란 고객의 협력과 직원들의 협력을 말한다.

고객의 협력 없이는 차별성이 나오지 않는다. 나는 상대방의 불편을 모를 수 있다. 불편함에 대한 민감도가 높은 사람이 비즈니스의 완성도를 높여준다. 까다로운 고객이나 내 맘에 안 드는 고객이라고 갑질고객이나 진상고객으로 낙인찍는 것은 성급하다. 까다로운 고객은 나를 키우는 선생님이 될 수 있기 때문이다. 중요한 것은 자신의 관점이 아니라 상대방의 관점이다.

이렇게 이야기하는 사람들이 있다. "나는 옳은 일, 옳은 얘길 하는데 왜 사람들은 듣지 않는 거죠?" 이해하지 못하는 딜레마에 빠진 사람에게 해줄 수 있는 대답은 간단하다. 아무리 옳은 일, 옳은 얘기도 듣는 사람 입장에 서지 않으면 옳은 게 아니다. 아무리 옳은 말도 상대를 설득할 전략이 없으면 그냥 자기만 옳다 마는 것이다. 옳다 마는 것은 옳은 게 아니다.

무엇이 차이를 만드는가? 차별성이란 무엇인가? 상대를 배려하고 품위 있는 존재로 대우하는 것이 차별성의 핵심이다. 내가 만나는 상대방을 우아하고 품위 있는 존재로 대우하고 있는가? 이게 차별성이다. 자기 인정욕구에 집착하면 상대가 무엇을 요구하는지 알아차릴 수 없다. 자기중심적인 사람이 환영받지 못하듯이 자기중심적으로 사업을 하면 망한다.

고객의 협력은 어떻게 얻을 수 있을까?

…

상대방을 품위 있는 존재로 대우한다는 것

일을 잘한다는 것은 자기가 챙겨야 할 고객에 대해 책임지는 것이다. 고객에 대한 리스트업을 하고 있는지, 고객을 유형별로 구분하고 있는지, 고객과 주기적으로 커뮤니케이션하는지, 이런 관계를 매뉴얼로 정리해 놓았는지, 고객과 자동으로 연락을 하는 자동 시스템을 가동하고 있는지, 나의 잠재고객은 어디에 있을지 탐색하고 있는지 질문하고 모니터링해야 한다.

고객을 책임진다는 것은 어떤 걸까? 상대를 품위 있는 존재로 대우한다는 건 어떤 걸까? 예를 들어 누군가 방문했을 때 상대방에 대해 밝은 표정, 유쾌한 인사, 투어코스 안내, 기념사진 등이 자동적으로 나와야 한다. 아무리 중요한 일도 말로만 배우고 머리로만 이해하는 것은 소용없다. 머리로 생각해 몸이 움직이는 것은 늦다. 몸이 반사적으로 움직일 정도로 훈련이 되어 있어야 한다. 자연스럽게 동작으로 나와야 한다.

고객의 협력은 어떻게 얻을 수 있는가? 나는 당신을 기억하고 있다. 나는 당신을 인정한다. 나는 당신을 존중한다. 나는 당신에게 감사하고 있다! 협력은 기억해주고 인정해주고 정보를 공유할 때 얻을 수 있다. 중요한 고객은 직접 혹은 문자나 전화로 챙겨야 한다. 문제는 고객이 너무 많기 때문에 일일이 다 기억할 수도 없고, 다 인정해줄 수도 없고, 정보를 공유하거나 커뮤니케이션을 하기도 어렵다는 것이다. 고객을 기억하고 존중하기 위해서는 우리의 망각과 싸워야 한다.

고객을 챙기고 기억하는 시스템이 필요하다. 고객을 기억하고 챙기는 것은 면대면, 폰대폰으로 직접 하기도 해야 하지만 알고리즘을 이용한 시스템으로 해야 한다. 고객을 분류하고 있는가? 고객을 리스트업하고 있는가? 고객에게 정기적으로 메시지를 보내는가? 일단 조직의 모든 구성원들이 자기가 챙겨야 할 고객 리스트를 정확하게 가지고 있어야 하고 주기적으로 업데이트해야 한다. 내가 누구에게 봉사해야 하는가를 정확하게 알고 있어야 한다.

꼰대는 왜 위험한가?

…

협력의 장애물은 내 안의 꼰대다

협력의 최대 장애물은 내 안의 꼰대다. 꼰대는 한 가지 색깔만 고집한다. 내 안에는 다양한 색깔이 있다. 주변의 색에 맞추어 잘 어울리는 것이 조화다. 잘 어울리는 조화를 협력이라 한다. 올드 패션은 한 가지 색깔을 고집한다. 심지어 그 색이 전부라고 주장한다. 게다가 그 색이 최고라 한다. 꼰대와의 소통이 어려운 이유다.

한 가지 색깔을 고집하지 말 것! 그 색이 나의 전부라고 여기지 말 것! 나는 주변의 색에 맞추어 다른 색으로 변할 수 있다. 그게 정상이다. 그게 고장 나면 한 가지 색깔만 고집하고, 인간은 급기야 올드 패션이 된다. 올드 패션들은 분위기 파악을 못한다. 자기 말만 하는 사람, 상대의 언어를 알아듣지 못하는 사람과는 대화를 할 수가 없다. 결정적으로 올드 패션들은 자신이 무슨 문제가 있는지를 모른다.

다음과 같은 질문을 해보자. 몸에 노폐물이 쌓이듯이 정신에도 노폐물이 쌓이는가? 그 노폐물이 꼰대를 만드는가? 노폐물은 어떻게 배출할 수 있는가?

우리의 정신에도 노폐물이 쌓인다. 모든 노폐물이 그렇듯이 배출되지 않으면 독소가 되어 전체를 부패하게 한다. 육체적 노폐물은 몸의 질병을 만들고, 정신적 노폐물은 인간을 꼰대로 만든다. 정신적 노폐물은 세 가지 독으로 구성된다. 1독은 분노의 독이고, 2독은 탐욕의 독이고, 3독은 어리석음의 독이다.

어리석음이라는 3독은 특이하다. 현실과 의식이 따로 노는 것이 어리석음이다. 실제 사물을 관찰하지도 못하고, 자기 주관적으로 왜곡해서 본다. 실상을 보지 못하고 허상을 본다. 태극기를 흔든다. 이것이 어리석음의 독, 즉 꼰대의 독이다. 어리석음은 현실과 의식의 어긋남이다. 실재하는 현실과 해석하는 의식이 어긋나는 것이다. 생각해보자. 생각과 현실이 다르면 무엇을 고쳐야 하는가? 당연히 생각을 고쳐야 한다. 그런데 어리석은 꼰대들은 엉뚱하게 현실을 비난하고 원망한다.

어리석음은 자신을 속이는 사고 프레임이 내면에 구조화된 것이다. 그래서 세상과 대립하고 다툴 수밖에 없다. '허상'이라는 정신의 독소는 어떻게 발생하는가? 세 가지 형태가 있다.

첫 번째 허상은 지나간 세월이 남긴 '아픈 기억'이다. 지독한 고통이나 충격, 아픔이 뇌리와 가슴에 새겨진다. 그것은 트라우마가 된다. 이미 지나가서 존재하지 않는데도 기억으로 남아 정신의 독소가 된다. 이런 허상은 내보내야 한다. 어떻게 내보낼 수 있을까? 무의식의 심연에 있는 분노와 수치, 좌절과 고통을 끄집어올려야 한다. 질문을 통해 객관화시킬 수 있다면, 그것을 정면으로 볼 수 있다면, 그리고 그것을 내 언어로 표현할 수만 있다면 우리는 트라우마를 내보내는 데 성공할 수 있다. 객관화시키고 표현하면 밖으로 배출된다.

두 번째 허상은 매 순간순간 일어나는 '감정의 허상'이다. 감정은 실체가 없는 그림자다. 그러나 그것을 붙잡는 순간 실체가 된다. 감정에 의해 자신이 좌우된다는 것은 허상에 의해 실체가 지배된다는 것이다. 감정은 어떻게 배출할 수 있을까? 먼저 감정에서 자신을 분리시켜 감정을 객관화시키고, 다음으로 3인칭 관찰자의 심정으로 그 감정을 표현하는 것이다. 자신의 감정을 과장하지 않고 솔직하게 표현하면 감정의 독소는 배출된다.

마지막 허상은 '지식의 허상'이다. 지식의 허상은 이념의 허상이기도 하다. 지식을 비롯한 생각들은 자신이 쌓아올린 가정의 탑이다. 가정은 조건절이다. '~하면 ~이다'라는 조건절이 쌓이고 쌓이면 신념이나 이론, 혹은 이념이 된다. 이념이든 이론이든 그것은 자신이 만든 독소다. 스스로 쌓아올린 이념의 틀은 진실과 아무 상관이 없다. 그러나 사람들은 자신의 이념을 철석같이 붙들고 그걸로 모든 사물과 사건을 해석한다. 생각의 탑이라는 이념의 독소를 자주 내보내지 않으면 정신은 부패된다.

살면서 정신적 노폐물을 지속적으로 배출하지 않으면 정신이 파괴된다. 이런 정신의 노폐물이 쌓이면 인간은 꼰대가 된다. 정신적 노폐물은 어떻게 배출할 수 있을까? 독소나 노폐물을 배출시키는 것은 열이다. 열은 운동에 의해 발생한다. 고여 있으면 열이 생기지 않는다. 정신적 노폐물 역시 열에 의해 배출된다.

우리가 살기 위해서는 무언가를 먹어야 하고, 먹고 나서 몸에 필요하지 않은 것은 배출해야 한다. 배출되지 않고 몸에 남아 있으면 그것은 독이 된다. 몸에 남아 있으면 안 되는 것, 그래서 배출해야 하는 독소처럼 우리가 받아들이는 정보와 지식도 마찬가지다. 불필요한 정보나 지식도 내보내야 한다. 붙잡지 마라. 붙잡는 것을 우리는 집착이라 한다. 가는 사람(기억, 감정, 지식, 정보) 잡지 말고, 오는 사람(기억, 감정, 지식, 정보) 막지 마라. 지나간 지식과 잘못된 정보는 내보내라. 내보내지 않으면 독이 된다. 배출되지 않은 노폐물은 독이 되어 인간을 꼰대로 만든다.

조직도 신진대사의 과정이 중요하다. 외부의 균으로부터 자신을 보호하고 노폐물을 배출하는 일은 생명을 유지하는 활동이다. 조직에 필요하지 않은 노폐물을 배출하는 것은 열이다. 조직의 열은 세 가지 방법으로 생긴다.

첫 번째로 내부의 열이다. 내부의 열을 올리는 방법은 조직의 따뜻함을 유지하는 것이다. 원칙과 기준을 가지고 목표와 과제를 이루는 과정에서 지지와 격려, 미소와 친절, 배려와 존중의 방식으로 따뜻한 분위기를 만들어야 한다. 따뜻함이 건강함의 척도다.

두 번째는 목표와 과제를 이루는 과정에서 질문과 대화, 토론과 논쟁의 방식으로 열을 올리는 것이다. 질문과 논쟁은 열을 극대화시킨다. 그것을 치열함이라고 한다. 치열함은 강력한 힘으로 조직에 남아 있으면 안 되는 세균을 제거하고 노폐물을 밖으로 내보낸다.

마지막으로 외부의 열이다. 마치 뜨거운 목욕탕에 들어가면 체온이 올라가고 혈관의 피가 자연스럽게 순환되면서 노폐물이 배출되듯이 교육과 학습도 그런 역할을 한다. 교육과 학습은 찜질방처럼 외부에서 열을 발생시켜 자연스럽게 노폐물을 밖으로 배출시킨다.

PART 6

지속가능한 조직에는 자기만의 독자적 비결이 있다

'독자적 비결'은 반복해서 무언가를 만드는 자기만의 메커니즘이다.

독자적 비결에는 삶의 풍경을 바꾸는 힘이 있다.

성공한 사람을 존경할 필요는 없지만

삶의 풍경을 바꾸는 사람은 존경받아 마땅하다.

인생이란 삶의 풍경을 그리는 일이다.

자기만의 독자적 비결로.

당신만의 독자적 비결이 있는가?

좋아하는 매개물을 가지고 노는 것이 독자적 비결이다

"사람들은 '일에 대한 기쁨'이라고들 말한다. 그러나 사실은 일을 매개로 한 자신에 대한 기쁨이다." –니체

기쁨은 매개를 통해서 온다. 매개가 중요하다. 기쁨의 매개는 7가지 종류가 있다. 우리는 그 매개를 통해 호기심을 가지고, 상상력을 자극하며, 기쁨을 느낀다.

어떤 사람은 '숫자'라는 매개를 통해 호기심과 상상력을 자극하고 기쁨을 느낀다. 볼 수도 없고, 측정할 수도 없고, 상상할 수도 없는 초미시와 초거시의 세계까지 우리의 지성을 확장하는 것은 수의 세계

다. 어떤 사람은 '언어'라는 매개를 통해 호기심과 상상력과 기쁨을 느끼고, 어떤 사람은 '디자인과 시각적인 것'이라는 매개를 통해 호기심과 상상력과 기쁨을 느낀다. 어떤 사람은 '몸짓과 운동'이라는 매개를 통해, 어떤 사람은 '음악'이라는 매개를 통해, 어떤 사람은 '내면의 심리'라는 매개를 통해, 어떤 사람은 사람과의 '관계'라는 매개를 통해 호기심과 상상력을 자극받고 기쁨을 느낀다.

기쁨이란 이 자극의 매개물을 가지고 놀 때 나오는 것이다. 이 매개물을 자기만의 방식으로 열정적으로 가지고 노는 사람은 '독자적 비결'이 생긴다. 팀의 역할 분담이란 각자가 가지고 있는 자기만의 '독자적인 비결'로 노는 것이다. 동시에 자기의 비결로 타인의 비결을 자극해주는 것이다. 매화나무에 매화가 피는 것은 그것이 매화나무이기 때문이고, 사과나무에 사과가 열리는 것은 그것이 사과나무이기 때문이다. 매화나무에 매화꽃이 피는 것은 노력의 힘보다는 본성의 힘 때문이다.

서로의 고유한 본성을 관찰하고 그 사람이 가지고 노는 매개물을 존중해야 한다. 자기의 본성을 끌어내는 매개물에 시간, 에너지, 관심을 집중시킬 수 있도록 여유를 주면 그 자신의 성장을 통해 조직이 성장한다. 그것이 유능하고 인격적인 '사람'을 키우는 방법이다. 팀워크란 공동의 목표를 이루기 위해 자기만의 독자적 비결로 기여하는 것이다. 그것이 하나의 완전체가 되면 다른 조직이 결코 흉내 낼 수 없는 독자적 비결이 된다.

서로 관찰하고 서로 실현될 수 있도록 도와주면 팀 빌딩에 성공한다. 능력이란 무엇인가? 독자적 비결과 공동의 목적이 만나는 것이다. 목적과 비전, 원칙과 기준이 독자적 비결과 만나면 능력이 된다. 무능한 사람들은 보통 원칙과 기준이 없다. 목적이 분명한가? 원칙과 기준이 있나? 자기만의 독자적 비결이 있는가? 이것이 능력이다. 상황에 흔들리고, 자기의 이해관계에 흔들리고, 주관적인 호불호에 흔들리면 무능해진다. 무능하다는 말은 목적이 없고 원칙과 기준이 없다는 말이다. 목적과 비전은 독자적 비결과 만나야 유능함이 된다. 정신과 의사이자 심리학자인 밀턴 에릭슨은 이렇게 말했다.

> "다른 사람의 테크닉을 따라 하지 말고 당신의 기술을 발전시키시오. 내 목소리를 따라 하려고 들지 마시오. 당신 자신의 것을 발견해야 합니다. 가장 자연스러운 당신 자신이 되어야 합니다."

가장 자연스러운 나, 정말 나다운 나를 추구하는가? 삶의 성공이란 자기만의 자연스러움을 찾는 것이다.

독자적 포지셔닝, 독자적 관점이란 무엇인가?

...

독자적 비결은 위치를 잘 잡는 것

1. 우리가 모르는 길을 갈 때는 의심과 확신이 모두 필요하다. 확신은 전진하기 위해 필요하고 의심은 멈추기 위해 필요하다. 멈추지 않고 전진만 하면 낭떠러지에서 굴러떨어진다. 확신 없이 의심만 하면 한 발자국도 움직이지 못하게 된다.

의심과 확신의 가운데를 잡아야 한다. 거기에 호기심이 있다. 호기심은 의심과 확신을 조율하고 그 둘 사이의 균형을 잡아준다. 의심은 확신의 도그마를 베는 칼이고, 확신은 끝없이 흔들리는 마음을 잡아주는 기둥이다. 의심과 확신은 모르는 길을 가는 여정에서 둘 다 필요하다.

의심과 확신은 모두 '알지 못하는 것'에 대한 반응이다. '보이지 않는 미래'를 보고 '알지 못하는 것'을 알기 위해서는 둘 다 필요하다. 우리가 잡아야 할 것은 의심과 확신의 가운데 있는 호기심이다. 호기심으로 의심과 확신을 조율하고 그 둘 사이의 균형을 잡아야 한다.

2. 근심은 무사태평과 무사안일을 뒤흔드는 마음의 시스템인 반면 무(관)심은 근심과 걱정, 불안과 초조를 잡아주는 마음의 시스템이다.

근심은 준비하기 위해 필요하고 무심은 무너지지 않기 위해 필요하다. 근심과 무심은 서로 균형을 잡아주어야 한다.

근심과 무심의 가운데를 잡아야 한다. 근심과 무심의 가운데에는 관심이라는 균형이 있다. 우리가 잡아야 할 것이 바로 이 관심이다.

근심과 무심은 모두 '알지 못하는 것'에 대한 반응이다. '보이지 않는 미래'를 보고 '알지 못하는 것'을 알기 위해서는 근심과 무심 모두가 필요하다. 미리 근심하지 않으면 준비할 수 없고 준비가 없으면 반드시 실패하게 된다. 근심은 준비와 기획을 요구하는 마음의 시스템이다. 반대로 무심이 근심을 제어하지 못하면 걱정과 근심은 불안과 초조함으로 발전한다. 그러면 실패한다. 무심은 근심으로 기울어지는 마음의 균형을 잡아주는 내적 시스템이다.

근심과 무심의 가운데에 관심이라는 균형이 있다. 우리가 잡아야 할 것이 바로 이 관심이다. 관심으로 근심과 무심을 조율하고 그 둘 사이의 균형을 잡아야 한다.

독자적 비결을 가진 팀은 어떻게 만드는가?

...

운을 부르는 것은 태도다

운이 성패를 좌우한다.

운은 과학적 분석의 대상은 아니지만 운이 좋아지게 만드는 방법은 분명히 있다. 어딘가를 방문해보면 바로 그 조직의 수준에 대한 느낌이 온다. 사람을 환대하는 방식이 그 조직의 품격이고 수준이다. 어떻게 사람을 환대할 것인가? 밝은 표정, 경쾌한 목소리로 인사하기가 시작이다. 이 순간이 사람의 마음을 잡는 순간이다. 조직에 찾아온 방문자의 또 다른 이름이 있는데 그 이름은 기회다. 기회는 사람을 통해 온다. 손님의 마음을 잡는 것이 기회를 잡는 것이다.

손님의 다른 이름은 기회이다. 손님이 노크를 할 때 환대를 해야 한다. 손님을 맞이하는 태도가 능력이고 품격이다. 밝은 표정으로 맞이하고 경쾌한 목소리로 인사하면 손님은 기회로 변신한다. 사람이 기회다. 사람을 존중하는 것은 영리함으로 해결할 수 있는 문제가 아니다. 그것은 사람을 즐거운 마음으로 대우하는 태도의 문제다. 하비 더 레빗은 이렇게 말했다.

> "험난한 세상을 살아가려면 둘 중에 하나를 선택해야 한다. 아주 영리한 사람이 되거나 아니면 아주 즐거운 사람이 되는 것. 나는 영리한 사람이 되기를 선택해 살았다. 그러나 즐거운 사람이 되기를 추천한다."

운을 좋게 하는 태도를 기본기라 한다. 행운을 부르는 태도 몇 가지가 있다. 어떤 일을 할 때 마음을 먹으면 마음은 즉각 몸에 준비를 시킨다. 그래서 마음은 빛의 속도로 몸짓으로 전환된다. 그것이 태도다. 그래서 태도를 보면 그 사람의 전부를 알게 된다. 위축된 마음은 위축된 자세로, 자신감은 당당한 태도로, 건방진 마음은 교만한 태도로 나타난다. 선행하는 것이 후행하는 것을 결정한다. 가장 선행하면서 모든 후행하는 것을 결정하는 것이 '안정된 마음'이다. 마음은 밖으로 드러나 '태도'가 된다.

태도는 모든 것의 준비동작이다. 그러므로 팀 빌딩에서 가장 중요한 것은 태도다. 특히 리더의 태도가 결정적이다. 구성원들은 리더의 태도를 흉내 내고 따라 배우기 때문이다. 태도는 마음을 반영한다.

그래서 마음이 언제나 중립지대에 서도록 노력해야 한다. 내가 억울한 일을 당했다 하더라도 상대의 잘못인지, 아니면 나의 잘못된 태도가 그런 억울함을 자초했는지 아직은 알 수 없다. 당신은 아니라고 우기지만 당신의 뒤틀린 태도가 상대의 감정을 자극했을 수도 있다. 나의 태도가 상대에게 위협적으로 받아들여져서 그것을 방어하는 과정에서 생긴 문제일 수 있다.

매일 아침 해가 뜨는 것처럼 지금 이 순간이 모든 것의 출발점이다. 후행하는 것들은 지금 이 순간에 의해 결정된다. 지금 이 순간, 나의 태도가 이후의 모든 것을 결정하는 출발점이 된다. 결국 매 순간 순간이 이후의 모든 것을 결정하는 출발점이 될 수 있다는 것이다.

나의 과거의 총합은 나의 태도로 나타난다. 동시에 태도는 다음 행동을 위한 준비동작이다. 그러므로 과거는 모든 행동의 준비동작이다. 태도를 보면 그 사람의 과거도 알 수 있고 그 사람의 다음 행동도 알 수 있다. 태도는 다음 행동의 준비동작이기 때문이다. 과거는 카르마와 같다. 자신의 현재를 구속하는 것은 과거의 행동이다.

과거를 무로 돌리는 것은 가능한가?

과거로의 리셋은 가능하다

과거에 의해 현재가 규정된다. 사람들은 과거에 의해 자신의 눈이 가려져 있다. 삶에서 가장 중요한 비밀은 과거를 무로 돌리는 게 가능하다는 것이다. 과거를 리셋하고 처음부터 다시 출발하는 것이다. 그 출발은 미소다. 화내지 않고 자기 의견을 말하는 습관, 존중하는 습관, 정직한 피드백을 해주는 습관, 무언가 새롭게 시도하는 습관, 재미있는 이야기를 이어가는 습관, 미소 짓는 습관, 책 읽는 습관, 배우는 습관, 질문하는 습관, 듣는 습관, 자신을 농담의 대상으로 올리는 습관, 타인을 농담의 대상으로 삼지 않는 습관, 기록하는 습관, 리스트를 만드는 습관, 운동하는 습관 같은 것들이다. 야망을 가진 조직만이 이런 것들을 의식적으로 반복한다.

인생에서 가장 많이 반복되는 것은 무엇인가? 태도다. 태풍을 이겨내는 힘은 뿌리에서 나온다. 무성한 가지와 잎과 열매는 뿌리에서 나온다. 우리의 태도, 가치, 철학이 어우러져 만드는 조직문화, 그것이 조직의 뿌리다. 마음은 즉각적으로 표정과 태도로 나타나고, 태도는 행동으로 표현되고, 행동은 결과를 결정한다. 결과는 다시 마음에 영향을 주고, 마음은 태도에, 태도는 행동에, 행동은 결과에 영향을 주는 반복의 순환구조가 시작된다. 이것이 조직문화의 순환구조이다. 진화와 진보는 쉬지 않고 반복함으로써 일어나는 것이다. 쉬지 않고 반복되는 것이 태도다.

우리가 작은 일에 정성을 다하고 작은 일에서 완결성을 높여야 하는 이유는 작은 일의 성실한 반복이 거대한 질적인 전환을 가져오기 때문이다. 큰일은 작은 일의 반복이 쌓이고 쌓여 어느 순간 새로운 전체를 만드는 것이다. 무한 반복되는 단순한 원리! 그것이 '태도'다. 우리는 태도 중에 '어머니 태도'를 가장 중요하게 생각한다. 어머니 태도란 태도 중에 '마음 속 깊이 간직된 태도'를 말한다. 그 태도는 구체적인 행동을 지배하는 태도다. 이 기본적 태도가 행동과 표정과 말투와 눈빛을 결정한다. 예를 들어 '마음 속 깊이 간직된 태도' 중에 사람이나 사물을 대할 때 '좋다' '나쁘다'로 이분화하는 것은 위험한 태도다.

그런 사람은 사람을 대할 때 '좋은 사람' '나쁜 사람'으로 나누고

'네 편' '내 편'으로 분열시킨다. 의견의 차이가 생길 때마다 옳고 그름의 문제로 따지는 것도 잘못된 태도다. 그것은 단지 의견의 차이일 뿐이다. 최상의 배려는 차이를 존중하는 것이다.

우리는 '마음 속 깊숙이 간직된 태도'를 우리 조직의 목적에 어울리도록 서로 조정해야 한다. '누구를 대하든 친절하고 부드럽게, 어른스럽고 사려 깊게, 그리고 자연스럽게 대하라!' 사람은 강하면 강할수록 더 부드러워진다. 신뢰를 낳는 어머니 태도는 친절이다.

내 인생에 재앙이 될 사람을 피하는 독자적 비결은 무엇인가?

…

손해만 끼치는 세 가지 유형의 사람

사람 하나 잘못 만나면 인생이 탈탈 털리는 수가 있다. '또라이'를 만나지 않는 것만으로도 인생은 행운이다. 또라이는 이마에 또라이라고 쓰여 있지 않기 때문에 알아보는 눈이 필요하다. 의외로 그런 사람은 평범한 모습을 하고 있기 때문에 내 인생에 재앙이 될 것이라고 꿈에도 생각하지 못한다.

리더가 되지 말아야 할 사람, 채용하지 말아야 할 사람, 사귀지 말아야 할 사람은 어떤 사람일까?

공자는 손해만 끼치는 세 유형의 친구가 있다고 했다. 편벽便僻한 사람, 선유善柔한 사람, 편녕便佞한 사람, 이 세 가지 유형은 함께 일하지 말아야 한다고 했다.

손자삼우損者三友의 첫 번째 유형은 편벽된 사람이다. 편벽된 사람이란 마음이 한쪽으로 치우친 사람을 말한다. 이런 사람은 무슨 일이든 편협하게 해석하고 책임을 전가한다.

두 번째 유형은 선유한 사람이다. 선유한 사람이란 마음이 착하여 남을 기쁘게 하려는 사람이다. 그러다 보니 이 사람에게 하는 말과 저 사람에게 하는 말이 달라진다. 이런 사람은 원치 않는 분란을 일으키고 본인은 빠져버린다. 착하지만 유약하여 앞과 뒤에서 말을 자주 바꾸게 된다.

세 번째 유형은 편녕된 사람이다. 편녕한 사람은 말로는 모든 일을 잘할 것 같이 하나 실상實相이 없는 것으로 말을 과장하는 사람이다.

이런 세 가지 유형의 사람들은 리더가 되어서도 안 되고, 채용해서도 안 되고, 사귀지도 말아야 한다는 것이 공자의 말이다. 나 자신이 치우쳐 있지 않은지, 책임을 회피하려는 심리에 빠져 있지 않은지, 상대에 따라 말을 바꾸는 사람은 아닌지, 말을 과장되게 하고 있지는 않은지 점검할 필요가 있다. 점검의 기준으로 '손자삼우'를 추천한다.

자기 자신에게 보이지 않는 세 가지와 필요한 세 가지는?

...

자기 얼굴과 거울, 자기감정과 관찰, 자기 생각과 표현

도구가 없으면 자기에게 보이지 않는 자기의 세 가지가 있는데 그것은 '자기 얼굴', '자기감정', '자기 생각'이다. 거울 없이는 자기 얼굴이 보이지 않고, 관찰 없이는 자기감정이 보이지 않고, 표현 없이는 자기 생각이 보이지 않는다. 보이지 않는 것을 보이게 하는 것은 첫째 거울, 둘째 자기 관찰, 셋째 자기표현이다. 이 세 가지야말로 자기를 볼 수 있게 하는 자기만의 독자적 비결이고 도구다. 자기 자신에게는 보이지 않는 세 가지를 보기 위해서는 내 옆에 거울 같은 사람이 있어야 한다. 친구와 적은 두 개의 거울이다. "친구는 가까이, 적은 더 가까이!"

치열하게 일한다는 것은 단순하다. 그것은 장시간 기진맥진 일하

는 것이 아니다. 대단한 것도 아니고 별것도 아니다. 그냥 자기의 상태, 자기의 감정, 자기의 생각을 객관적으로 들여다보는 것이다. 이런저런 질문도 하고, 이런저런 생각도 하고, 이런저런 대화도 하고, 이런저런 시도도 하는 것이다. 예를 들어 이런 것이다. "뭐가 문제야? 어떻게 해볼까? 왜 그렇게 해야 돼?" 자기 자신에게 이런 질문도 하고, 저런 질문도 해보는 것이 치열하게 일하는 것이다. 이런저런 질문을 하지 않는 사람은 아무리 장시간 일해도 일하는 것이 아니다.

치열하게 일한다는 것은 예를 들어 이런 생각도 해보고 저런 생각도 해보고, 이런 가설도 세워보고 저런 가설도 세워보는 것이다. 중요한 건 생각을 한다는 것이다. 자기에게 질문을 던지면 생각은 저절로 일어난다. 생각이 어느 정도 모양을 갖추면 그 다음에 이렇게 대화를 하는 것이다. "내가 이런 생각을 해봤는데 이게 말이 돼? 내가 장난삼아 이런 아이디어를 생각해봤는데 당신이 보기에 어때?" 이런 피드백을 요청하는 것이다. 다른 사람의 요청에 적극적으로 피드백을 해주는 것이다. 이런저런 생각을 하지 않는 사람, 피드백을 구하지 않는 사람은 일을 해도 결과물의 수준이 형편없다.

치열하게 일한다는 것은 대단한 것이 아니다. 이런 시도도 해보고 저런 시도도 해보는 것이다. 자기가 좋아하는 운동을 할 때 연습하는 것처럼 말이다. 작은 시도를 계속 해보는 것이다. 시도를 할 때 실패는 당연한 것이고, 성공은 뜻밖의 행운이기 때문에 즐겁다. 이런 것들이 가능한 조건은 자기가 좋아하는 일을 하거나 자기가 하는 일을 좋아할 때이다.

치열하게 일한다는 것은 장시간 기진맥진 일하는 것이 아니다. 이런저런 질문을 하고, 이런저런 생각을 하고, 이런저런 대화를 하고, 이런저런 시도를 하는 것이다. 결국 좋아하는 일을 선택하는 게 전부다.

도구가 있어야 보이는 자기의 세 가지를 보는 것이 스마트하게 일하는 방식이다. 자기 얼굴, 자기감정, 자기 생각을 객관화하면 판단과 선택에 결정적인 도움이 된다. 거울을 가지고 자기 조직의 상태를 확인하고, 관찰을 통해 조직의 감정과 분위기를 보고, 표현을 통해 여러 사람들의 생각과 아이디어와 지혜를 모으는 것이 조직에 필요한 독자적 비결이다. 보이지 않는 것을 보이게 하는 것이야말로 가장 중요한 일이다. 자기를 볼 수 있게 하는 도구와 독자적 비결을 강화하는 것이 중요하다.

독립적 인간이란?

…

자급자족의 인간이 아니라 상부상조의 인간

독립적 인간이란 자급자족의 인간이 아니라 서로 주고받는 상부상조의 인간을 말한다. 독립적 인간은 주고받는 능력을 가진 사람이다.

자립적 인간이란 혼자 다 알아서 하는 인간이 아니라 자신이 도와주어야 할 것과 도움받아야 할 것을 정확하게 알고 서로 돕는 인간을 말한다.

기쁨은 밖에 있는 것도 아니고 안에 있는 것도 아니다. 행복은 내면에 있는 것도 외부에 있는 것도 아니다. 기쁨과 행복은 안과 밖의 경계에 있고 너와 나 사이에 있다.

주고받는 것이 균형을 이루기 위해서는 당당하게 요청할 수 있어야 한다. 그것이 용기다. 그리고 우리는 받은 것을 창조적으로 되돌려주기 위해 고민해야 한다.

이런 질문이 필요하다.

"어떻게 하면 사람들의 호기심과 상상력을 자극할 수 있을까?"

"어떻게 우리는 사람들의 기대를 자극할 수 있을까?"

그것이 우리가 받은 것을 돌려주는 방식이다. 주고받는 능력은 질문에서 나온다. 인간에게 즐거움은 가장 중요한 가치다. 그것을 인정해야 행복한 인생을 살 수 있다.

구성원들이 자신만의 멘토를 갖도록 장려하는가?

행운은 언제나 사람을 통해서 찾아온다

행운은 언제나 사람을 통해서 찾아온다. 인생에서 가장 중요한 것은 좋은 사람을 만나는 것이다. 독자적 비결을 가진 팀의 구성원들은 각자 자신만의 멘토나 후원자들이 있다. 그런 팀은 팀원들 하나하나가 자기를 자문해주는 그룹을 조직하는 것이 의무가 된다. 사람들은 대부분 안부전화, 혹은 문자만으로도 호의로 받아들이고 기뻐한다. 인간은 호의에 대해서 보답하고자 하는 본능을 가지고 있다.

나의 성장에 도움을 줄 사람, 내 업무에 훌륭한 조언을 해줄 사람, 내가 요청할 때 결정적으로 도움을 줄 사람들의 리스트를 만들어놓고 정기적으로 소통하는 것이 내가 성장할 수 있는 좋은 방법이다.

사람들은 먼저 '다가가는 유형'이 있고 '기다리는 유형'이 있다. 먼저 '다가가는 유형'을 주도적인 사람이라고 한다. 그런 사람은 대부분 유능하다. 사람들은 주로 누군가 다가오기를 기다린다. 멘토와 후원자 그룹을 정해 적극적으로 다가가고 소통을 시도하기만 해도 새로운 세계에 접속할 수 있다. 조직의 구성원이 좋은 사람들에 둘러싸여 풍요로워지면 조직도 풍요로워진다.

자기중심적 생각에 빠져 있는 사람은 어떻게 해야 하는가?

* * *

타인의 기뻐하는 모습을 상상하게 하라

자기중심적 생각에 빠져 있는 사람은 절대 창의적인 일이나 수준 높은 일을 할 수 없다. 일을 잘하는 사람은 상상력이나 공감능력이 높아서 일을 잘하는 것이다. 자기중심적인 사람은 상상력도 없고 공감능력도 없다. 타인이 뭘 원하는지 알 수 없기 때문에 수준 높은 결과물을 낼 수가 없는 것이다. 자기중심적인 사람은 정신분석학자인 알프레드 아들러가 제안한 다음의 훈련을 해볼 것을 권유한다.

"2주 동안 한 사람을 정해서 매일 그 사람을 어떻게 기쁘게 할 것인지 생각하고 행동해볼 것, 그것이 우울증을 고치는 가장 확실한 행동이다."

사실 이 방법은 자기중심적인 생각에서 빠져나오는 방법이자 고객과의 관계를 구축하는 가장 차별화된 방법이다. 이렇게 구체적인 상황을 설정하고 고민해야 능력이 생긴다.

예를 들어 디자인을 할 때도 '가장 사랑하는 사람에게 줄 선물'이라고 상상하면서 작업을 해야 한다. 자기중심적인 사람은 한쪽의 시선으로만 사물을 본다. 자기 자신의 시선으로만 본다. 위대한 팀에서 일하는 사람들은 양쪽의 시선으로 사물을 본다. 자기의 시선으로 한 번, 타인의 시선으로 또 한 번.

혁신적인 팀의 평가기준은 어떻게 다른가?

수확하는 일보다 중요한 것은 씨앗을 뿌리는 일이다

탁월한 팀은 평가기준이 다르다. 성과 평가는 과거에 대한 평가다. 진짜 중요한 평가는 두 가지다. 하나는 미래를 위해 지금 어떤 행동이나 투자를 하고 있는가에 대한 것이다. 다른 하나는 얼마나 즐겁게 일하고 있는가에 대한 것이다.

진정한 평가는 수확하는 일보다 씨앗을 뿌리는 일을 더 중요하게 생각하는 것이다. 무엇을 수확했는가에 따라 하루하루를 평가하지 않고, 어떤 씨앗을 심었는가에 따라 하루하루를 평가한다. 미래를 위해 오늘 무엇을 했는가? 그리고 당신은 얼마나 일을 즐기고 있는가?

타인의 틀린 생각과 자신의 틀린 생각 중 어디에 초점을 맞추는가?

…

자신의 틀린 생각을 발견하면 기뻐하라

세상에서 가장 위대한 발견은 무엇인가? 세상에서 가장 위대한 발견은 타인의 틀린 생각을 발견하는 것이 아니라 자신의 틀린 생각을 발견하는 일이다.

그것은 진실로 위대한 진보를 가져온다. 같은 모습을 유지하고 있지만 오늘의 나는 어제의 내가 아니다. 그래서 어제까지 가졌던 과거의 생각이나 이념에 질문을 던져야 한다.

"내가 확신하는 것이 과연 맞는가?"

"나의 가설을 근본적으로 허물 새로운 증거는 없는가?"

위대한 영감은 이런 질문을 던지는 데서 얻어진다. 생각의 완성도를 높여 많은 사람들의 공감을 얻는 방법도 이런 질문을 던지는 것이다.

자신의 틀린 생각을 발견하는 일은 진실로 위대한 발견이고 진실로 위대한 진보다. 틀린 생각을 발견하는 일은 어렵지 않다. 마음을 열고 귀를 열면 사방에서 말해준다.

뜻을 이루는 가장 좋은 방법은?

…

무의식으로 내려갈 때까지 주문처럼

무의식을 의식으로 끌어올리면 트라우마에서 벗어날 수 있다. 반대로 의식을 무의식으로 끌어내리면 원하는 목적을 이룰 수 있다. 어린 시절 성추행의 트라우마에서 벗어나는 방법은 그것을 드러내고 사과를 받는 것이다. 반대로 원하는 것에 집중하면 무의식으로 내려간다. 의지를 무의식으로 끌어내리는 일은 원하는 일에 집중하고 반복하는 것이다. 무의식으로 내려갈 때까지 주문을 외우는 것이다. 어떤 주문을 외워야 하는가? 내가 진정 원하는 것을 반복하는 것이다. 형식적으로 외우면 소용없고 마음으로 외워야 한다.

예를 들어 주기도문이나 반야심경 같은 기도문을 깊이 묵상하며 외우면 세계관이나 가치의 프레임이 새롭게 형성된다. 역사적으로 내용에 대한 성찰 없이 가장 형식적으로 암송된 것이 주기도문이다. 주기도문의 가장 핵심적인 대목은 이렇게 자기에게 말하는 것이다. "우리가 우리에게 잘못을 용서한 것같이 우리의 잘못을 용서해주시고" 이 말은 내가 다른 사람의 잘못을 용서하오니 나의 잘못도 용서하여 주시라는 기도다. 용서는 주기도문의 핵심이다. 예언을 현실처럼 '내가 타인을 용서했다'고 선언하는 것이다. 그러니 '신이시여, 나의 실수와 잘못을 용서해주시라'는 것이다.

용서란 두 가지다. 타인에 대한 나의 용서와 나에 대한 신의 용서를 동시에 말하는 것이다. "오늘 우리가 먹을 것을 주시고…" 용서와 먹을 것을 찾으면 우리는 그것을 찾을 수 있다. 먹을 것이란 직업을 말하는 것인 동시에 실제 양식이다. 우리를 굶주림이나 빈곤에 시달리지 않게 해달라는 뜻이다. 용서와 빈곤과의 싸움, 두 가지는 예수의 혁명적인 제안이다. "당신의 뜻이 하늘에서와 같이 땅에서도 이루어지게 하소서." 여기서 당신의 뜻이란 '먹을 것'과 '용서'다. 매일 용서하는 마음을 가지게 해달라고 기도문까지 만들어주며 가르쳤건만….

반복의 방법 중에 가장 효과적인 것은 주문처럼 외우는 것이다. 반복은 강력한 힘을 갖고 있다. 주문은 길을 닦는 것이다. 그 길은 예언을 현실로 만드는 길이다. 모르는 것에 초점을 맞추기, 모르는 것은 질문하기, 문제보다 능력에 초점을 맞추기, 그 능력을 존중하기. 이런 것들은 반복해야 무의식으로 내려간다.

어떻게 기억하게 할 것인가?

...

브랜드, 마음의 기억으로 들어가는 방법

인간의 기억에 들어갈 수 있다는 것은 대단한 일이다. 누군가가 나를 기억해준다는 것! 그것은 삼생三生의 영광이다. 기억에 들어가기 위해 얼마나 많은 돈을 들이고 애를 쓰는지 생각해보라. 기억이 얼마나 큰 사건인지, 사실은 내가 얼마나 간절히 원하는 일인지 알아야 한다. 그래서 모든 만남이 얼마나 중요한지 알아야 한다.

기억에 들어간다는 것은 쉬운 일이 아니다. 재미가 있든지, 감동이 있든지, 예쁘든지, 화끈하든지, 힘이 세든지, 아무튼 알 수 없는 또 다른 매력이 있든지 뭐가 있어야 기억으로 들어갈 수 있다.

마케팅의 시작과 끝도 고객의 기억에 들어가는 방법이다. 상품을 팔든 서비스를 팔든 이미지를 팔든 거래를 하든 기억하게 하는 것이 가장 중요하다. 기억을 사기 위해 광고에 엄청난 돈을 들인다. 기억은 돈을 퍼붓는다고 되는 건 아니다. 변화와 혁신을 주제로 한 기사로 유명한 비즈니스 전문기자 도이치먼은 변화를 위해 세 가지를 제안하는데 '기억과 기억하는 방식의 변화'로 생각해도 될 것 같다.

> "변화에는 세 가지가 중요하다. 관계를 맺고(Relate), 반복하고(Repeat), 관점을 새롭게(Reframe) 하는 것이다."

기억에 들어가기 위해 필요한 것은 세 가지다.

첫째, 차별성이 명확할 것,

둘째, 반복적인 중독성이 있을 것,

마지막으로, 단순하되 반전매력의 재미가 있을 것.

이 세 가지를 담아내는 것이 '콘셉트'이다.

인류가 생긴 이래 가장 효과적인 기억의 각인방법은 마음이 오가는 것, 진정성이다. 당신과 내가 만나는 지금 이 순간 바로 이곳은 우주의 탄생만큼 중요한 기억의 각인이 시작되는 순간이다. 지금 이 순간, 바로 여기에 집중해야 하는 절대적 이유다. 당신을 기억해줄 사람이 바로 당신 앞에 있다. 기억한다는 것은 어마어마하게 중요한 사건이다. 지금 이 순간, 여기에 있는 상대방에 집중해야 그는 당신을 가치 있는 존재로 기억할 것이다.

게으름이란 무엇인가?

...

모든 것이 변하는데 의식이 머무는 것, 그것이 게으름이다

대부분의 사람들은 게으름에 대하여 착각한다. 게으름이란 모든 것이 변하는데 의식이 머무는 것을 말한다. 인생을 살면서 가장 피해야 할 일은 부지런한 게으름뱅이가 되는 것이다.

자신이 안다고 생각하는 순간 호기심은 사라지고 게으름뱅이가 된다. 세상에는 자신의 생각을 고집하고, 집착하고, 판단하고, 반드시 그래야 한다고 주장하는 부지런한 게으름뱅이들이 넘치고 흐른다.

부지런한 게으름뱅이가 되지 않기 위해서는 고집하지 말고, 집착하지 말고, 판단하지 말고, 반드시 그래야 한다고 주장하지 마라. 세상에 반드시 그래야 하는 것도 없고 반드시 그리 하지 말아야 하는

것도 없다.

이 세상을 위험에 빠뜨리는 것은 언제나 어리석은 자의 확신이다. 가장 멋진 인생이란 마치 미지의 세계를 탐험하듯이, 설레는 여행을 즐기듯이 그렇게 정진하는 인생이다. 정진이란 호기심으로 진리를 찾는 성실함이다.

실수를 부끄러워하지 않고, 실패를 치욕으로 받아들이지 않고 거기서 오히려 배움의 기쁨을 찾을 때 인생의 모든 날이 축복이다.

세상을 100% 다 바꾸어야 하는가?

…

51%만 바꾸면 된다

세상을 100% 바꾸려고 할 필요가 없다. 그럴 이유도 없고 그렇게 될 수도 없다. 그건 에너지를 낭비하는 일이다. 선거에서 100%를 이기나 51%를 이기나 이기는 것은 마찬가지다. 저울이 한쪽 방향으로 기울어지는 것은 한쪽에 0.1g의 무게가 더해지는 순간이다.

모든 사람의 생각을 다 바꿀 필요도 없다. 그럴 필요가 없다. 모든 경제를 사회적경제로 100% 바꾸려고 할 필요가 없다. 모든 기업이 중소기업이 될 필요는 없다. 모든 기업이 벤처가 될 필요는 없다. 그럴 이유도 없고 그렇게 될 수도 없다. 그것은 에너지를 낭비하는 일이다. 사회적경제가 전체의 5%에서 10% 정도만 차지해도 세상은 바뀐다.

자기의 내면도 100% 바꾸려고 할 필요가 없다. 그것은 에너지를 낭비하는 일이다. 중요한 것만 바꾸면 된다. 의식이 행동으로 바뀌는 것도 상반되는 내면의 의견이 어느 한쪽으로 좀 더 무게가 실릴 때 일어난다. 상반되는 의견을 충분히 검토해도 늦지 않다. 자기의 내면에도 민주주의가 필요하다.

내면의 민주주의란 서로 다른 생각을 양립시켜 민주적인 균형을 잡되, 51 대 49로 결정을 내리는 것이 좋다. 가장 적은 에너지로 관성을 무너뜨리는 것은, 가장 적은 에너지로 낡은 질서를 무너지게 하는 것은 51대 49의 민주적인 사색이다.

부정적인 분위기보다 긍정적인 분위기가 1% 많으면 조직은 긍정적으로 변한다. 100%는 '파쇼'의 방식이다. 상반된 생각의 균형을 유지하다가 어느 순간에 어느 한쪽에다 0.1g의 무게를 더 실어주는 것, 그게 에너지 낭비를 최소화하는 결정이다. 창의적인 결정은 무리수를 범하지 않는다.

칭찬과 비판은
어떻게 들어야 하는가?

...

비판은 듣는 것이 아니라 요구하는 것이다

1. 칭찬과 비판을 반반씩 하더라도 칭찬을 먼저 하는지 비판을 먼저 하는지에 따라 완전히 달라진다. 칭찬을 먼저 하면 비판을 수용하는 마음이 열리고, 비판을 먼저 하면 마음의 문이 닫혀 칭찬조차 수용하지 않는다. 비판을 먼저 하면 마음의 문이 닫힌다.

2. 칭찬과 비판은 받아들이는 두뇌 부위가 다르기 때문에 반응도 다르다. 칭찬은 몸에서 저절로 받아들이고, 비판은 온몸으로 즉각 거부한다.

3. 친구의 좋은 말은 꿀처럼 달콤하지만 적의 비난은 생각만 해도 열 받는다. 반대 의견을 내는 사람을 가까이 두는 사람이야말로 진정

한 리더이다. "친구는 가까이, 적은 더 가까이!"

4. 칭찬은 온몸으로 알아듣기 때문에 굳이 귀 기울일 필요도 없다. 그러나 비판은 온몸으로 거부하기 때문에 의식적으로 귀 기울여야 한다. 목마른 사슴이 물을 찾듯이 비판을 구해야 한다.

5. 비판에는 나에게 필요한 온갖 보물이 담겨 있기 때문에 비판을 내다 버리면 보물도 함께 내다 버리는 결과를 맞이한다. 비판에 숨어 있는 소중한 가치를 얻기 위해서는 듣는 방식이 달라야 한다.

6. 편도체가 비판에 대한 거부반응을 보이지 않게 하려면 두 가지 방법이 있다. 하나는 자신이 먼저 비판을 구하는 것이다. 먼저 비판을 요구하고 피드백을 구하면 뇌의 거부반응 시스템은 작동하지 않는다.

7. 다른 하나는 비판을 다르게 정의하는 것이다. '비판=귀중한 보물'이라는 등식을 세워서 미리 자신의 뇌를 설득하는 것이다. "맞아, 이게 바로 내가 찾던 바로 그거야."

8. 그래서 칭찬은 그냥 들어도 되지만 비판은 주의 깊게 귀 기울여야 한다. 싫은 소리를 들을 때는 그 속에 있는 보물을 골라내기 위해 이성의 밝은 빛으로 비추어봐야 한다.

9. 칭찬은 감성을 충족시키지만 비판은 지혜를 충족시킨다. 비판은 진정 유익하다.

조직이 질병에 걸렸는지 어떻게 알아낼 수 있는가?

…

질병 진단 매뉴얼

1. 자기가 옳다는 생각에 빠져 외부의 비판에 문을 닫거나 자기 혁신이 없는 사람은 병든 사람이다. 그런 조직은 질병에 걸린 조직이다.

2. 슬퍼하는 사람과 함께 울고 기뻐하는 사람과 함께 즐거워하는 것은 인간이 지닌 기본 감성이다. 마음이 경직되면 이 기본 감성을 잃을 수도 있다. 정신적으로 경직되는 것은 질병이다.

3. 다른 이해관계자들의 의견을 지속적으로 듣지 않으면 사회성을 상실한다. 외부의 다른 견해에 담을 쌓고 자신의 열정, 변덕, 광기에만 의존하는 것은 정신적 치매다.

4. 착한 남자, 착한 여자로 보이고 싶은 것, 그것이 위선이다. 위선

은 '존재론적 정신분열증'이다. 정신적 빈곤과 진부함의 전형적 모습이다.

5. 지위 고하를 나타내는 형식, 존칭, 외양을 삶의 1차적 목표로 삼는 것도 질병이다.

6. 기쁨, 열정, 미소, 행복, 겸손 없이 장례식에 간 듯한 우울하고 딱딱한 표정은 질병이다.

7. 직접적으로 말할 용기가 없는 겁쟁이들이 사람들 뒤에서 말한다. 그런 험담은 테러와 같은 것이며 악마나 하는 짓이다.

8. 전체보다는 파벌의 이익을 우선하는 태도는 '암'과도 같다. 그것은 시민(구성원)들을 노예로 만들고 사회의 균형을 깬다. 권력을 독식하겠다는 종파주의는 질병 중에 암이다.

9. 일만 열심히 하지 말라. 그것도 질병이다.

10. 계획을 지나치게 꼼꼼하게 세우는 유혹에 빠지지 말라. 과도한 계획은 자율성과 유연성을 침해한다.

11. 보스에 대한 지나친 찬미도 질병이다.

12. 다른 이에게 무관심한 것도 질병이다.

13. 으스대지 마라. 그것도 질병이다.

14. 출세를 목표로 하는 것, 물질적 욕망이 지나친 것은 중증의 질병이다.

15. 협업 없이 일하는 것도 질병이다.

– 프란치스코 교황의 '질병 진단 매뉴얼' 중에서

PART 7

서로의 능력을 키워주는 조직의 비밀, 존중

우리는 누군가를 만날 때

'원 오브 뎀(One df them)' 으로 대하지 말아야 한다

우리는 누군가를 대할 때

그 사람을 특별한 존재로 대우해야 한다.

그것만이 상대를 '목적' 으로 대우하는 길이다.

존중이란 무엇인가?

…

"내 앞에 있는 상대의 기분을 존중하라."

'상대의 인격을 존중하라'는 말은 추상적으로 들릴 수 있다. '인간을 존중하라'는 말은 추상적이다. 그 말은 이렇게 바꿔야 구체적이고 본질적이다.

"내 앞에 있는 상대의 기분을 존중하라."

링컨은 이런 지혜로운 말을 했다.

"내가 가장 관심 있는 분야에서 내가 가장 이루고 싶은 목표로 나를 이끌어주는 리더라 할지라도 내 기분을 이해해주지 않는다면 나는 그 사람을 따르지 않는다."

누군가의 인격을 존중한다는 것은 그 사람의 기분을 존중하는 것이다. 내 앞에 있는 사람이 어색해하고 있으면 자연스럽게 풀어주고, 기뻐하면 함께 즐거워하는 것이다. 무엇보다 혼자 있고 싶어 할 때는 그냥 내버려두는 것이 기분의 존중이다.

자기를 파괴하는 악마는 어떻게 잉태되는가?

...

자존감과 자존심의 차이는 비교에 있다

자기의 의식이 자기의 작은 '눈'을 멸시하고, 자신의 못생긴 '얼굴'을 미워하고, 자신의 짧은 '다리'를 경멸하고, 자신의 나쁜 '머리'를 한심해한다면 어떤 일이 벌어질까? 수치심, 우울함, 불안감, 좌절감, 분노와 같은 부정적 심리에 지배당할 가능성이 높다. 이런 의식은 어떻게 생길까? '왜 그 모양이냐'고 구박하는 부모의 억압이 내 '의식'으로 들어와 있기도 하고, 때로는 선생의 모욕적인 말이 내 의식이 되어 있기도 하다. '의식'은 외부에서 주입된 시끄러운 소리일 수 있다. 이런 의식이 나의 존재 전체를 더럽히지 않도록 의식을 해체하는 것이 필요하다. 의식의 해체란 주입된 의식이 진실이 아니라는 것을 아는 것이다.

자기존중(self-esteem)이란 나와 남을 비교하지 않고 자신을 있는 그대로 존중하는 마음이다. 자기존중이 없으면 부정적 심리에 지배당할 가능성이 높다. 그럼 자기를 존중하는 방법은 무엇일까? 먼저 자신과 타인을 비교하지 않고 있는 그대로 인정하는 것이다. 자기를 존중한다는 것은 항상 자기 몸이 하는 말에 귀를 기울인다는 말이기도 하다. 왜냐하면 우리 몸은 언어로 말하지 않고 느낌으로 말하기 때문이다. 병이란 우리 몸의 기존 시스템이 무너지고 있음을 알려주기 위한 신호다. 아픔이라는 사인을 보낼 때는 내 몸의 균형이 깨져 있다는 것이다.

악마는 어떻게 잉태될까? 악마를 잉태하는 것은 '비교'이다. 자존심은 자신과 타인을 비교할 때 생기고, 자존감은 자신을 오직 하나의 존재로 대우할 때 생긴다. 자존심은 경쟁에서 패배할 경우 자기학대(self-torture)로 곤두박질친다. 자신을 존중한다는 것은 자신의 부족한 부분까지도 존중한다는 것이다. 자존감은 나와 남을 비교하지 않고 자신의 가치를 소중하게 받아들이는 것이다. 자기의 부족함까지 포용하는 것이다. 자기존중이란 자신이 사랑받을 만한 가치가 있는 존재라는 것을 믿는 마음이다. 자존감(자기존중)과 자존심의 차이는 무엇일까?

내 의식(생각)은 내 안의 독재자다. 외부의 자극이 몸에 닿아 감각으로 바뀌고 감각은 다시 의식으로 인식되는 이 놀라운 과정에서 분명한 것은 의식과 우리의 몸의 다양한 기관들은 하나가 아닌 다른 존재들의 연합체라는 것이다. 서로 다른 존재들이 몸이라는 하나의 그릇 안에서 결합되어 있을 뿐이다. 자기존중이란 내 안에 있는 다른 존재들의 독자성을 인정하고 그들을 존중하는 것이다. 자기존중의 첫 번째 단계는 자신에게 말을 거는 일이다. 말을 걸 때 가장 중요한 원칙은 감사의 말로 시작하는 것이다. 잠이 들기 전에 자기의 이름을 부르며 "수고했다!" "고맙다!"고 말하는 것도 존중의 표현이다.

자기 자신에게 따뜻한 미소를 자주 보내야 한다. 잠자기 전에 좋은 기억을 떠올리며 미소를 짓는 것도 자기존중의 방법이다. 왜냐하면 미소는 내면의 아픈 존재들을 밤사이에 치유하는 에너지이기 때문이다. 자기 자신에게 힘을 주어야 한다. 자기 자신에게 에너지를 공급하는 것은 생명이 탄생한 이래 가장 중요한 일이다.

농담인줄 알면서도 기분 나쁜 경우를 경험해보았을 것이다. 나쁜 말과 죽는소리를 하지 마시라. 뇌는 멍청하여 그것을 진짜로 받아들인다. 말은 자신을 운전하는 핸들이다. 좋은 방향으로 갈지 나쁜 방향으로 갈지를 결정하는 것은 자신의 말이다. 나쁜 말은 악운을 부르고 좋은 말은 행운을 부른다. 자기존중에서 가장 중요한 것은 자신의 말이다.

왜 우리는 존중하기에 실패하는가?

…

존중의 실패는 관점의 실패다

우리는 왜 누군가를 존중하는데 실패하는가? 누군가를 대할 때 독자적이고 고유한 개인으로 대우하지 않고 어떤 덩어리로 분류해서 싸잡아 생각하기 때문이다. 고유하고 특별한 그 존재는 사라지고 그저 '원 오브 뎀(One of them)'으로만 존재한다. 개인은 사라지고 집단의 범주에 들어가면 어떤 일이 벌어지는가? 예를 들어 우리가 노숙자를 생각할 때 노숙자 한 사람 한 사람의 삶과 가능성은 배제되고 불결하고 구제불능의 노숙자집단 이미지만 떠올린다. 개인은 사라지고 집단의 이미지만 남게 된다. 우리가 세상을 바라볼 때 우주보다 존엄한 개인이 아니라 어떤 덩어리로, 어떤 집단으로, 어떤 진영으로 바라보는 것이다.

결국 존중의 실패는 잘못된 관점의 실패다. 개인을 고유성으로 인식하는 것이 아니라 진영의 덩어리로 인식하는 태도는 파시스트적인 프레임이다. 개인은 사라지고 진보나 보수라는 집단의 덩어리만 남으면 어떻게 될까? '보수는 나쁜 집단'이라는 프레임에 빠지면 모조리 제거해야 한다는 결론만 나오게 된다. '진보는 나쁜 집단'이라는 프레임에 빠지면 다 죽여 없애야 한다는 결론만 나온다. 개인이 없는 사회, 개인의 고유성을 존중하지 않는 사회는 전체주의 사회다.

이런 전체주의적 프레임은 세상을 집단의 덩어리로 인식하게 만들고 극단적인 '수구꼴통'과 '좌익좀비'로 양분시킨다. 그러나 두려워하지 마시라. 한국에 수꼴이나 좌좀은 극소수에 지나지 않는다. 당신이 두려워하는 악은 오직 당신의 프레임 속에 이미지로만 존재할 뿐이다. 당신이 세상을 존엄한 개인으로 보지 않고 덩어리와 집단의 이미지로 인식할 때, 그때 악마가 탄생한다. 개인이 없는 사회는 전체주의 사회다. 한국 사회는 전체주의 사회에서 개인의 자유로운 사고와 행동이 중요한 사회로 이동하고 있고 이동해야 한다.

누군가를 대할 땐 특별한 존재로 대우해야 한다. 그것만이 상대방을 '목적'으로 대우하는 길이며, 관계 맺을 때 가져야 하는 철학적 태도다. 특별한 존재로 대우한다는 것은 상대가 힘들 때 위로하고, 존재 그 자체를 지지하고 존중하며 인정하는 것이다. 현재의 존재로 대우하는 것이 아니라 완성된 미래의 존재로 대우하는 것이다. 사람을 목적이 아닌 수단으로 대우하는 사람은 신뢰와 존경을 얻을 수 없다.

‘자기존중의 원칙’과
‘차이 존중의 원칙’이란?

…

자기를 존중할 줄 알아야 타인을 존중할 수 있다

자신을 대할 때와 타인을 대할 때 가장 좋은 태도는 무엇인가? 자기를 대할 때는 ‘자기존중의 원칙’을 지키고, 사람들을 대할 때는 ‘차이 존중의 원칙’을 지키는 것이다.

우리는 남을 이끌기 전에 스스로를 이끌어야 하고, 남을 존중하기 전에 스스로를 존중할 수 있어야 한다. 존중이란 흐르는 물 같은 것이다. 자기 안에 구덩이가 있다면 그 구덩이를 존중의 물로 가득 채워야 비로소 밖으로 흐를 수 있다. 물이 흐르다 구덩이를 만나면 그곳을 다 채워야 비로소 흘러가듯이 자기 마음을 자기존중의 물로 가득 채워야 한다.

남에게 인정받는 가장 빠른 방법은 먼저 남을 인정하는 것이고, 남을 인정하는 여유는 오직 자기가 스스로를 인정할 때 나온다. 자신의 마음을 '자기존중'의 맑은 물로 채우는 것은 충만한 삶의 토대다. 그때 비로소 다른 생각을 수용하고 존경심으로 서로를 대할 수 있다.

자기를 존중하든 타인을 존중하든 존중하기 위해서는 먼저 관찰이 선행되어야 한다. 관찰이란 그 사람이 가진 습관이나 행동 패턴, 관심, 불편, 의지, 두려움, 호기심 같은 것들을 들여다보는 과정이다. 좋은 팀을 구성하면 다양한 배경과 생각을 수용하고, 존경심으로 서로를 대하는 것이 가능하다.

성격은 바꿀 수 있는가?

어떤 계기로 목숨을 걸면 바뀔지도 모른다

"세상에서 가장 어려운 게 뭘까?"

"성격을 바꾸는 일이지."

"성격을 바꿀 수 있어?"

"바뀌는 경우도 있어, 아주 드물게."

"어떤 경우에 바뀌는데?"

"모든 걸 잃어버리거나 목숨을 거는 경우지. 죽기를 각오하면 성격을 바꿀 수 있지."

"그렇군."

"성격이 바뀌는 필요조건은 죽을 만큼 힘든 고통을 겪는 것이고, 성격을 바꾸는 결정적이고 충분한 조건은 죽기를 각오하는 거야."

"꼭 바꾸어야 돼?"

"바꿀 필요가 없는 사람은 바꿀 필요가 없고 바꾸어야만 하는 사람은 바꾸어야지. 이 세상에 태어나 반드시 해야만 하는 일은 성격을 바꾸는 거야. 죽기 전에 단 한 치라도 자신의 인격을 진보시키는 거지. 율곡의 표현으로는 '기질을 변화시키는 것'이고, 러셀의 표현으로는 '성숙해지는 것'이 태어나 반드시 해야만 하는 일이야."

"자기 인생의 목적으로 삼아야 하겠네?"

"그렇지. 그러나 사람들은 반대로 하지. 자신의 변화를 위해 죽기를 각오하는 대신 타인의 변화를 위해 죽기 살기로 덤벼들더라고."

"자기의 변화 대신 타인의 변화를 요구하는 건 대부분의 인간들이 그렇잖아?"

"세상에 넘치는 남 탓, 넘치는 싸움, 넘치는 눈물은 자신이 변할 수 없다는 변명이고, 타인이 변해야 한다는 증거물로 제출하는 것들이지."

"성격을 바꾸는 일은 얼마나 어려운가?"

"결국 사소한 거야."

"왜?"

"이런 거야. 자신이 옳은지 그른지 먼저 의심해보는 것, 내 돈을 어떻게 쓸지 결정하는 것, 내 시간을 어떻게 쓸지 결정하는 것, 주장을 할지 질문을 할지 선택하는 것, 비난을 해야 할지 좀 더 관찰을 해야 할지 선택하는 것, 짜증을 내야 할지 즐거워해야 할지 선택하는 것,

화를 내야 할지 아니면 관대함과 포용력을 가져야 할지 선택하는 것, 걱정을 해야 할지 기도를 해야 할지를 선택하는 거야. 그건 종이 한 장보다 얇은 차이야. 그 사소한 선택의 반복이 성격이 되지. 자주 반복하는 사소한 행동에 작은 변화를 주는 것, 그게 인격의 진보를 가져오는 거야."

"정말 사소해 보이네."

"절대 사람을 바꾸려 하거나 성격을 바꾸려 하지 마. 그건 불가능에 가까운 일이야. 사소한 행동을 바꾸는 일은 가능해. 성격은 바꿀 수 없지만 행동은 바꿀 수 있어. 행동이 바뀌면 성격이 바뀌고 성격이 바뀌면 사람이 바뀌고 인생이 바뀌거든."

성격은 타인에 의해 바뀌지 않는다. 바꾸려고 하면 더 강력하게 저항하고 자기를 강화한다. 불가능한 일을 가능하다고 믿는 오만함이 인간에 대한 존중을 파괴한다.

미워하는 마음이 생길 때 어떻게 대처해야 하는가?

...

미워하는 건 습관

"그렇게 싫어?"

"네. 이야기하고 싶은 마음은 추호도 없고 쳐다보는 것도 싫어요."

"근데 말이야, 좋아하는 사람을 어떻게 대해야 하는지는 배우지 않아도 잘 알아. 근데 싫어하는 사람을 어떻게 대해야 하는지는 배우지 않으면 몰라. 나보다 강한 사람을 어떻게 대해야 하는지는 배우지 않아도 잘 알 수 있지만 나보다 약한 사람을 어떻게 대해야 하는지는 배우지 않으면 몰라. 못 배운 거 티내는 거야, 지금."

"그냥 마음이 싫은데 어떡해요."

"미운 놈 떡 하나 더 주면 되지."

"에이, 떡 줄 맘 없어요."

"떡은 자신의 죄에 대한 보상이야."

"무슨 죄요?"

"미워하는 마음이 생기는 것이 첫 번째 허물이고, 미워하는 마음을 드러내는 것이 두 번째 허물이야. 미워하는 마음이 생긴다는 것은 첫 번째 죄를 짓는 거니 그 사람에게 보상을 해야 할 것 아니냐. 그게 떡이야. 떡은 두 번째 허물인 미워하는 행동과 분노를 미리 막는 예방의학 같은 거야."

"떡까지 줘야 한다면 확실히 미워하는 마음은 안 생기겠네요. 미운 놈한테 물질적인 손해를 봐가면서까지 미워할 필요는 없죠."

"네가 싫어하는 사람에게 싫어하는 마음을 표출하는 순간 그 사람은 너의 적으로 발전해. 한 사람의 적만으로도 네 인생에 충분한 재앙이야. 네 인생의 불행은 네가 좋아하는 사람이 아니라 네가 싫어하는 사람이 만들어. 네가 보기에 보잘것없는 사람일지라도 가장 중요한 사람으로 대우할 줄 알아야 해. 네 인생의 가장 결정적인 존재는 네가 싫어하는 사람이거든."

미워하는 것도 습관이고 자신이 옳다고 고집하는 것도 습관이다. 이 습관은 세상을 선과 악으로 나누는 사람에게 찾아온다. 미워한다는 것은 나와 다른 것을 인정하지 않는다는 것이다. 자기는 옳고 다른 사람은 틀렸다는 것이다. 그 생각을 앞세우면 자기 입장에서 타인을 비난하고 미워하게 된다. '자신이 옳다'고 고집하는 그 생각에 묶여버리면 남을 미워하는 속 좁은 틀에 갇히게 된다.

나쁜 사람은 조직에서 골라내야 하는가?

나쁜 행동 골라내기

카카오닙스에는 항산화물질이 가장 많이 들어 있다. 사실 카카오닙스의 생명은 품질이다. 카카오닙스가 몸에 좋다지만 썩은 카카오닙스도 몸에 좋을까? 그럴 리가 있겠는가. 카카오빈은 발효과정을 거치기 때문에 엄격한 품질관리가 되지 않으면 부패한다. 언젠가 카카오 생산자조합을 방문했을 때 농민들은 품질관리와 지나치게 꼼꼼한 선별과정에 대해 불만을 털어놓았다. 물론 엄격한 선별과 품질관리를 하는 대신에 카카오빈의 가격을 두세 배 더 높게 쳐주기 때문에 불만도 그냥 애교 섞인 항의 정도다.

좋은 카카오닙스는 좋은 카카오 원료에서 시작된다. 썩은 카카오

빈 하나가 맛과 영양을 흐리기 때문이다. 병들거나 썩거나 벌레 먹은 것들을 골라내는 엄격한 품질관리가 따르지 않으면 그 카카오닙스는 몸에 좋은 것이 아니다. 카카오닙스는 발효, 건조, 로스팅, 분쇄(NIBS)의 과정을 거치는데 병든 열매나 발효통에서 썩거나 벌레 먹은 빈들이 많으면 품질은 급격하게 떨어진다. 한국에서 판매되는 카카오닙스의 경우 거의 다 나라 이름 외에 밝히는 정보가 없다. 어디서 누가 어떤 과정을 거쳐 만든 것인지 정확하게 밝히는 카카오닙스는 아시아공정무역네트워크(AFN)의 카카오닙스 말고는 없다. 누가 어디서 어떻게 생산했는지 알 수 없는 제품은 안전하지도 않고 맛도 좋지 않다.

커피도 마찬가지다. 맛 좋은 커피는 나쁜 생두를 걸러내는 핸드픽을 잘해야 만들어진다. 아무리 품질이 뛰어난 생두에, 정성스럽게 로스팅을 하고, 유능한 바리스타가 내린다 해도 상한 원두가 섞여 있으면 커피 전체의 맛이 형편없어진다.

사람도 마찬가지다. 좋은 사람이란 자신의 좋지 않은 행위를 걸러내는 사람이다. 최상의 맛과 아름다운 향기는 어떻게 나올까? 좋지 않은 생각을 걸러내면 아름다운 향기가 난다. 적절하지 않은 감정, 적절하지 않은 언어, 적절하지 않은 결정이 외부로 나오지 않도록 내면에서 걸러내는 사람이 최상의 맛과 아름다운 향기를 머금을 수 있다.

어떻게 걸러내야 할까? 걸러내기 위해서는 걸러내는 기준이 있어야 한다. 공자는 네 가지 기준을 말했다.

첫째는 나의 행위에 사랑이 있는가(인)?

둘째는 나의 행위가 올바른가(의)?

셋째는 나의 행위가 다른 사람을 존중하고 배려하는가(예)?

마지막으로 나를 관찰하고 나에게 질문하는 지혜가 있는가(지)?

자신에게 이런 질문을 던지는 것은 귀찮은 일이고 에너지가 많이 소비되는 일이다. 그러나 이것이 나의 내부에서 자동화 시스템으로 작동하게 되면 더 이상 힘들지 않게 된다. 질문을 습관화하는 것이다.

개인도 그렇지만 조직도 마찬가지다. 그런데 조직의 문제로 넘어가면 상한 귤을 골라내듯, 결점두를 골라내듯, 사람도 골라내야 한다고 주장한다. 그렇지 않다. 좋지 않은 사람을 골라내는 것이 아니라, 좋지 않은 행위를 골라내야 한다. 무의미하고 가치 없는 행위가 반복되지 않도록 하는 것이다. 문제는 행위와 사람이 따로 떨어져 있는 것이 아니라 함께 결합되어 있다는 것이다. 그래서 우리들은 행위와 사람을 분리하기 어렵다.

사람과 행위는 분리해야 한다. 행위가 잘못되었다고 비판하면 사람들은 수용을 한다. 그런데 행위의 잘못이 아니라 사람의 잘못으로 싸잡아 공격하면 절대 받아들이지 않는다. 행위를 지적하는 것은 비판이고 사람의 인격을 싸잡아 지적하는 것은 비난이다. 비난을 하면 그 사람은 마음의 문을 닫게 된다.

문제는 행위를 바꾸지 않을 때다. 잘못된 행위에 대해 문제제기를 받으면서도 지속적이고 반복적으로 그 행위를 하는 사람은 정리해야 한다.

좋은 카카오닙스와 맛있는 커피를 위해 결점두를 걸러내듯이 아름다운 사람은 자신의 결점두를 골라내는 일에 능하고 심지어 타인의 결점두를 골라주는 일에 능숙하다. 타인의 결점두는 그 사람의 잘못된 행위지 그 사람 자체가 아니다. 잘못된 행동을 골라내기 위해서는 관찰이 필요하다.

조직에 윗사람이 필요한
단 하나의 이유는?

윗사람은 책임을 묻기 위해 필요한 존재다

조직에 위계질서가 반드시 필요한 것은 아니다. 윗사람이 필요한 단 하나의 이유는 책임을 묻기 위해서다. 위에 있는 사람도 힘들고 아래에 있는 사람도 힘들고 서로 힘들다고 하는데, 윗사람은 어떻게 해야 하고 아랫사람은 어떻게 해야 좋은가?

윗사람은 존경을 먹고 살고, 아랫사람은 칭찬을 먹고 산다. 그래서 윗사람이 어떤 결정을 할 때에는 책임질 수 있는지와 존경받을 만한지를 동시에 질문해야 한다. 이 질문은 잘못된 의사결정을 막는 장치이기도 하다. 아랫사람은? 아랫사람이 일할 때 질문해야 할 것은 목표가 무엇인지, 고객에게 찬사를 받을 만한지를 살펴보는 것이다. 이것은 그 자신이 지닌 높은 수준의 능력을 끌어내는 방법이기도 하다.

윗사람은 존경을, 아랫사람은 칭찬을 먹고 살지만 현실에서는 이와 반대로 행동하는 사람이 너무 많다. 사람은 누구나 리더이기도 하면서 팔로우어이기도 한데 그 모드전환이 잘 안 된다. 윗사람이 칭찬을 바라거나 아랫사람이 존경을 바라면 어떻게 될까?

윗사람이 칭찬을 바라면 어떻게 되는가? 그러면 아랫사람이 받아야 할 칭찬을 가로채려 한다. 리더는 팔로우어의 열정과 능력을 끌어내 목적을 이루어야 하는데 리더가 칭찬을 탐하면 팔로우어와 경쟁하게 된다. 부하직원과 경쟁하는 리더? 얼마나 웃기는가! 윗사람이 아랫사람을 시기 질투하는 조직은 집단 무기력에 빠지고 냉소적인 분위기가 된다. 조직 자체가 와해되거나 붕괴된다.

아랫사람이 존경을 바라면 어떻게 되는가? 세 가지 문제가 생긴다. 하나, 리더는 칭찬하고 인정해주는 역할을 하는 사람이다. 리더의 칭찬은 인정과 감사의 표현이고 그 대가로 존경심을 얻지만 아랫사람의 윗사람에 대한 칭찬은 아부로 변질된다. 둘, 존경은 책임의 고통을 짊어지는 사람에게 주어지는 명예다. 존경은 책임의 고통을 함께 져야 얻는데 고통은 원래 윗사람의 몫이다. 아랫사람이 책임의 고통과 무게에 짓눌리면 일을 제대로 할 수 없다. 창의성도 자연스레 죽는다. 셋, 책임의 고통을 지지 않으면서 존경을 바라는 행동은 허세나 건방짐이다. 그것은 주먹을 부르는 행동이다. 견제나 충고를 자초한다.

인간에 대한 존중은 어디에서 무너지는가?

...

잔인함은 자신이 옳다고 생각하는 사람들의 내면에서 생긴다

내적 어둠과 잔인함은 어디에서 생기는가? 내적 어둠과 잔인함은 자기 스스로가 옳다고 생각하는 사람들의 내면에서 생긴다. 인간에 대한 존중은 자기 스스로가 옳다고 생각하는 사람들 앞에서 무너진다. 자신이 진리를 소유하고 있다고 확신하는 사람들은 내면에 어둠이 깃들고 한없이 잔인해진다.

세상에 진리를 소유한 사람은 없다. 언제나 옳은 사람은 존재하지 않는다. 선한 사람 따로 있는 것도 아니고, 악한 사람 따로 있는 것도 아니다. 선한 행동과 악한 행동만 있다. 누구나 잘못된 판단이나 결정을 하기 쉽고, 나쁜 행동을 하기 쉽다. '나는 결정적 오류를 범할

수 있고 잘못된 판단과 악한 행동을 할 수 있다'는 자각을 하면 '깨어 있는 사람'이다. 그것이 선이다.

악인은 왜 악하게 행동하는가? 악인은 자기가 악할 수 있다는 것을 모른다. 그래서 악한 행동을 하면서도 그게 악한 줄 모른다. 악인은 언제나 자기가 옳고 선하다고 생각한다. 그들은 자기중심적으로 생각해서 자기한테 좋으면 선이고 자기한테 나쁘면 악이다. 나에게 좋은 것이 남에게 나쁠 수 있고, 나에게는 불이익이 되는 것이 남의 이익이 될 수 있다.

악인을 골라내는 방법은 자신이 '옳다' 하고 '선하다' 하는 사람을 찾으면 된다. 언제나 자신이 선하다고 확신하고 옳다고 확신하면 악인으로 떨어진다. 자기는 절대 나쁘지 않다고 확신하는 사람, 자기는 절대 틀리지 않았다고 주장하는 사람이 바로 그 사람, 악인이다. 선인은 자기가 잘못된 판단을 할 수 있다고 생각하는 사람, 자기가 틀릴 수 있다고 생각하는 사람이다.

> "인간의 정신은 자신이 옳은지를 살펴보는 내적 의심이라는 불빛을 통해서만 빛날 수 있다. 반면 자신이 진리를 소유하고 있다고 확신하는 사람들은 내적으로 어둠에 가득 차 있고, 외적으로는 잔혹함과 고통, 불의로 세상을 어둡게 한다."

사회운동가인 사울 알린스키의 말처럼 자신이 악한 행동을 할 수도 있다고 생각하는 사람, 자신이 잘못된 결정을 내릴 수 있다고 생각하여 검증을 하는 사람이 선한 사람이다. 자신이 틀릴 수 있고 자신이 악한 결정을 내릴 수 있다고 생각하지 않으면 내적 어둠으로 가득 찬 악인이 된다. 그리고 누구보다 잔인하게 행동하고 세상을 어둡게 한다.

운명을 바꾸는 힘, 조직문화와 리더십의 비밀

일이 모두의 놀이가 되게 하라

1판1쇄 발행 2018년 7월 30일 **1판2쇄 발행** 2019년 4월 30일

지은이 이강백 **디자인** 이미정

펴낸이 전광철 **펴낸곳** 협동조합 착한책가게

주소 서울시 은평구 통일로 684 1동 3C033

등록 제2015-000038호(2015년 1월 30일)

전화 02) 322-3238 **팩스** 02) 6499-8485

이메일 bonaliber@gmail.com

ISBN 979-11-962410-3-2 03320

* 책값은 뒤표지에 있습니다.

* 잘못된 책은 구입하신 서점에서 바꾸어 드립니다.

이 도서의 국립중앙도서관 출판예정도서목록(CIP)은 서지정보유통지원시스템 홈페이지(http://seoji.nl.go.kr)와 국가자료공동목록시스템(http://www.nl.go.kr/kolisnet)에서 이용하실 수 있습니다.
(CIP제어번호: CIP2018021801)